Rostock
und Warnemünde

Edition Temmen Reiseführer

Rostock
und Warnemünde

von Ingrid Ehlers und Ulrich Kunze,
mit Fotos von Angelika Heim

Edition Temmen

Land und Leute

Willkommen in Rostock 7
Rostock und die Rostocker 10
Stadtentwicklung 13
Rostock und Kempowski 13

Kultur und Unterhaltung 14
Museen und Galerien 19
Schifffahrtsmuseum 19
Kulturhistorisches Museum 20
Kunsthalle 20
Galerie Amberg 21

Grünes Rostock 21
Ein Tag im Rostocker Zoo 24
IGA-Park 25
Am Rostocker Kai 26

Rostock mit Kindern 27
Sport und Spiel 28

Unterwegs

Sightseeing in Rostock 31
Rund um den Neuen Markt 32
Links und rechts der Kröpeliner Straße 40
Das Kröpeliner Tor und die nördliche Altstadt 48
Die östliche Altstadt 55

Die Vorstädte 62
Steintorvorstadt 62
Brinckmansdorf 63
Kröpeliner-Tor-Vorstadt 64
Die Neubauviertel der Nachkriegszeit 69

Ausflüge in die Umgebung 72
Rostocker Heide 72
Bad Doberan und Heiligendamm 73
Ostseebad Kühlungsborn 77
Ostseeheilbad Graal-Müritz 79
Güstrow 80

Fischland– Darß – Zingst 81
Wustrow und Ahrenshoop 81
Darß und Zingst 83
Ribnitz-Damgarten 85

Geschichte

Rostock in der Geschichte 87
Die Entstehung der Stadt 87
Von der Handelswik zur Hansestadt 88
Die Fürstliche Zeit 90
Zwischen Humanismus und Reformation 92
Jahre des wirtschaftlichen Niedergangs 94
Das 19. Jahrhundert 95
Das 20. Jahrhundert 98

Die Stasi in Rostock 102
Der Norden wacht auf – Rostock im Herbst 1989 103

Alma Mater Rostochiensis 106

Rostocker Chronik 108

Warnemünde

Warnemünde 115

Rundgang 116

Badetourismus in Warnemünde 124

Ausflüge ab Warnemünde 127
Rostocker Heide 128

Informationen von A bis Z

Informationen A–Z 131

Register 151

Impressum 156

Auf einen Blick

Infos und Tipps für Rostock, Warnemünde und Umgebung

Warum heißt Rostock Rostock? 9
Der Rostocker Greif 11
Die Rostock-Card 15
Festkalender 17
Grünflächen 22
Das Rathaus und seine Schlange .. 33
Das Blücherdenkmal.................... 43
In der Rostocker Heide 72
Das Lübische Stadtrecht 89
Stephan Jantzen 120

Land und Leute

Willkommen in Rostock
Kultur und Unterhaltung
Grünes Rostock
Rostock mit Kindern

Willkommen in Rostock

Eine Stadt hat immer eine Seele. Man kann in sie schauen – frühmorgens auf verwaisten Straßen, im Gedrängel der Rush Hour oder abends in den gerade angesagtesten Kneipen. Doch die Seele einer Stadt zu entdecken wird schwerer. Denn unsere **Urbanität** ist verwechselbarer geworden: In den Einkaufsstraßen ist oft nur die Abfolge der immer gleichen Filialisten von Stadt zu Stadt verschieden. Doch abseits der Hauptstraßen und der großen Plätze, im Windschatten der großen Sehenswürdigkeiten, dort kann man oft auch heute noch die Stadt atmen hören. Wie geht Rostocks Atem? Wo ist der Puls dieser Stadt an Warnow und Ostseeküste? Das siebentürmige Rathaus und die engen Gassen der Altstadt, die hippen Kneipen im früheren Arbeiterviertel der Kröpeliner-Tor-Vorstadt, die von der DDR geerbten streng genormten Wohnquartiere im Nordwesten und Nordosten, der traumhafte Sandstrand mit Steilküsten- und Waldabschnitten: Sie alle sind Mosaiksteine einer Stadt, für die das **Meer und die Schifffahrt** seit ihrer Gründung immer den Rhythmus angaben und es auch heute tun.

Zu DDR-Zeiten schien die Welt am Strand zu enden. Beim Hafen war das Ende der Welt sogar vorweggenommen; hohe Zäune versperrten den Weg. Wer am Hauptbahnhof mit einem Schlauch-

Maritimes Rostock: Hansestadt mit Herz

boot aus dem Zug stieg, hatte unfreiwillig Begleiter an seiner Seite, die mehr oder weniger unaufdringlich den Weg dieses potenziellen Fluchthelfers beobachteten. Spätestens am Strand machten die uniformierten oder zivilen Grenzkontrollposten der Reise ein jähes Ende – mit oft bitteren Folgen für den Besitzer des Bootes. Seitdem auch in Rostock die Menschen auf die Straßen gegangen waren und das alte Regime hinwegfegten, kann die Stadt wieder frei atmen. Und sie hat ihr Gesicht enorm verändert und ist dennoch wiederzuerkennen. Das Grau im Stadtbild ist bunten Farben gewichen. Zu sanierten Altbauten hat sich Neues gesellt. Die Stadt ist moderner geworden, aber sie ist immer wieder als norddeutsch wahrnehmbar. Nur manchmal versucht sie, ihren eigenen Takt zu verlassen: Ob diese Modernität auch in zehn Jahren noch schick ist, wird die Zeit zeigen.

Rostock hat sich auf die Suche gemacht nach alten und neuen Freunden. Rund um die Ostsee genießt die alte Hansestadt einen guten Ruf. Aber auch weit darüber hinaus sind Freundschaften entstanden. Zum Beispiel zu Raleigh, dem Zentrum des US-Bundesstaates North Carolina, oder zur dänischen Nachbargemeinde Guldborgsund. Die Stadt an der Warnow spielt mit im Konzert der Ostseestädte, der Union of the Baltic Cities. Sie sucht Internationalität und Anerkennung von außen und beweist damit, dass sie den Blick zum Meer hin auch die vierzig Jahre nicht verlernt hat, in der das Meer für viele Menschen in der Stadt der Rand der eigenen Welt war. Dass Rostock zu DDR-Zeiten »Tor zur Welt« war, galt nur für wenige. Der für die DDR und den **Ostblock** errichtete Überseehafen sollte Handelskontakte in alle Welt ermöglichen. Um so erstaunlicher ist es, dass die Umschlagzahlen des Hafens, der seine Übersee-Funktion verloren hat, mittlerweile über dem Niveau der Jahre bis 1989 liegen. Dazu hat vor allem die Fährschifffahrt beigetragen. Aber auch als Kreuzfahrthafen gewinnt Rostock stetig an Bedeutung. Die bereits 1419 als erste im Norden Europas gegründete Universität bestimmt auch heute viele Bereiche des Lebens in der Stadt. Den etwa 15.000 Studierenden stehen dabei mittlerweile auch zahlreiche moderne Einrichtungen wie die neue Universitätsbibliothek oder der noch **junge Campus** auf einem ehemaligen Kasernengelände an der Ulmenstraße zur Verfügung. Auch wenn die maritime Verbundwirtschaft nach wie vor wichtige wirtschaftliche Säule der Stadt ist, haben der Dienstleistungssektor und die Biotechnologiebranche enorm aufgeholt. Zahlreiche Callcenter in der Stadt nutzen das hier gesprochene nahezu dialektfreie Hochdeutsch. Rostock kann dabei mit so bekannten Marken-Namen wie Sixt, 11880 und Telefonica glänzen. Aber auch im produzierenden Bereich sind Marken wie Nordex, Liebherr und Caterpillar an der Warnow präsent.

Rostock wächst seit 2003 wieder – langsam, aber stetig und allen Vorhersagen zum Trotz. Das Wohnen in der Innenstadt ist wieder schick geworden – und leider für manche auch nicht mehr bezahlbar. Die Studenten geben der Stadt ein jugendliches Gesicht, gerade in der Kröpeliner-Tor-Vorstadt. Rostock ist Sitz des Marinekommandos und damit quasi »Hauptstadt der Deutschen Marine«. Der Schiffbau ist dem Maschinenbau gewichen. An der Warnow werden nun auch Schwimmkrane und Windkraftanlagen gebaut. Die Stadt blickt optimistisch in ihre Zukunft.

Wo ist die **Seele der Stadt**, wo schlägt ihr Takt? Die Antwort fällt sicher unterschiedlich aus. Für die einen ist das Herz der Stadt der Universitätsplatz inmitten des historischen Stadtzentrums. Für andere ist das Seebad Warnemünde der Favorit. Im Sommer ist es schick, am Strom oder an der Promenade seinen Kaffee zu trinken. Im Winter locken die Altstadtkneipen und die angesagte Kröpeliner-Tor-Vorstadt. Kommen Sie mit

Haben Sie sich schon einmal gefragt, welchen Ursprung das Wort »Rostock« hat?

Peter Lindenberg (1562–1596), der Verfasser der ersten gedruckten Stadtchronik – sie wurde erst nach dessen Tode im Jahre 1596 veröffentlicht – leitet den Namen der Stadt von duftenden Rosen ab. Der Rostocker Kaufmann untermauerte diese These damit, dass es in der Stadt einen Rosengarten und gar liebliche Rosendüfte gäbe. So kommt Lindenberg zu dem Schluss Rostock = Rosenstock.

Noch ein Versuch: »Andere meinen, … dass die Stadt Rostock nach einer mit roten Zeichen versehenen Säule benannt wurde. Dort pflegten die Fischer, die wegen des Fischreichtums im umliegenden Gebiet wohnten, nach altem Brauch zusammenzukommen.«

Tatsächlich jedoch bedeutet der auf einem Siegel des Fürsten Nikolaus von Roztoc belegte Name »Auseinander gehen, -fließen eines Flusses« (Warnow) oder auch »Breitling«.

Apropos Namen: Es ist kaum bekannt, dass die Warnow zur Zeit der Erstbesiedelung den Namen Gudacra Fluss trug.

Traditionell gekleidete Warnemünder/Rostocker beim ›Warneminner Ümgang‹

auf einen Bummel durch die Stadt und lassen Sie sich dabei von der Stadtarchivarin Ingrid Ehlers, der Fotografin Angelika Heim und dem Stadtführer Ulrich Kunze begleiten. Denn Rostock ist überraschend! Immer zwischen Provinzialität und Protzigkeit pendelnd, ist die Stadt überschaubar, ohne langweilig zu sein. Sie will vieles sein: Hansestadt, Hafenstadt, Universitätsstadt, Sportstadt, Segelstadt und, und, und … Keine Schublade passt richtig, denn: Das Leben ist hier **spannend**. Und so ist Rostock vielleicht vor allem eines: Ein toller Platz zum Leben. Und ein wunderbares Reiseziel!

Stadt in Zahlen

Einwohnerzahl:
ca. 203.848 (Dez. 2014)

Fläche: 181.26 km²

Höhenlage:
13 Meter über NN

Küstenlänge (ohne Seekanal):
18,3 km

Ausdehnung:
Nord–Süd: 21,6 km
Ost–West: 19,4 km

Bevölkerungsdichte:
ca. 1100 Einwohner/km²

Rostock und die Rostocker

Um von Anfang an jeden Fehler zu vermeiden: Die Stadt heißt Rostock [rostok] und liegt an der Warnow [warno:]. Das s-t gilt nur für den Stadtnamen, das lange -o anstelle von -ow für alle Ortsbezeichnungen. Die Aussprache verweist auf den slawischen Ursprung der beiden Wörter. Rostock bedeutet im Slawischen Flussverbreiterung bzw. auseinander fließen. Die Warnow, eigentlich nur ein kleines Flüsschen, das im mecklenburgischen Hinterland entspringt, wird an der Stelle der Stadtgründung von 50 Meter auf über 500 Meter breit. Ein idealer Hafen, der, wind- und wettergeschützt, gut acht Kilometer von der offenen See entfernt liegt.

Den »richtigen« Rostocker findet man nur noch selten. Bis 1989 hat sich die Einwohnerzahl seit den 1950ern mehr als verdoppelt. Einige Rostocker sächseln sogar ein bisschen. Und nun hört man auch rheinische oder ostfriesische Akzente. Was die richtigen Rostocker wohl am meisten wurmt: Die Stadt liegt in Mecklenburg. Dabei hält sich der Rostocker für weltmännisch und hanseatisch. Selbst zu DDR-Zeiten lebte das Selbstverständnis der Rostocker davon, dass die Stadt mit dem Überseehafen das Tor zur Welt war – zumindest für Waren aus und in die DDR.

Seit dem Niedergang der Hanse kämpfen die Rostocker mit sich und der Welt gegen den Ruf und tatsächliche Anzeichen von Provinzialität. Und mit Schwerin. Im Mittelalter war es der Herzog, dem überreichlich Geld aus der noch jungen Stadt zufloss. Rostock erlangte zwar viele Privilegien, erwarb Ländereien und Wälder, aber bekam leider nie die komplette Eigenständigkeit zugesprochen: Der Herzog bestand auf dem Huldigungseid der Rostocker. Später waren es mecklenburgische Verwaltungen, die Rostock von Schwerin aus gängeln wollten – so haben es zumindest die Rostocker oft wahrgenommen. Mit dem Niedergang der DDR verlor Rostock auch noch den Status der Bezirkshauptstadt und wurde wieder in das Land Mecklenburg-Vorpommern eingegliedert. Mecklenburg-Vorpommern gab es nur in den Jahren 1945 und 1952, wobei die Verwendung des Namensteils Vorpommern 1947 durch die Sowjetische Militäradministration

Der schreitende Greif

Der Greif ist eine Kombination aus dem Adler und dem Löwen. Dieses orientalische Fabeltier kam durch griechische Händler an die Ostsee und war schon auf dem Schild des slawischen Fürsten zu Roztoc. Später wurde es dann, zusammen mit den Farben Silber (Weiß) und Rot, die Rostock als Hansestadt kennzeichnen, in das Stadtwappen übernommen. Das aktuelle offizielle Stadtwappen ist nach unten hin spitz zulaufend. Der goldene (gelbe) Greif mit roter Zunge »schreitet« auf blauem Untergrund von rechts nach links.

In der Hauptsatzung der Stadt ist seine Marschierrichtung allerdings mit »von links nach rechts« beschrieben. Wie begründete man diesen Fauxpas?

Der Träger des Wappens, so die Argumentation, beschreibe es aus seiner Sicht, und zwar genau so, wie es sich verhalte, wenn er es als Schild vor seinem Körper führt …

Das modernere Stadtlogo hat das Wappen seit 1993 etwas verdrängt, ersetzt es aber nicht als hoheitliches Zeichen. Der Greif »schreitet« auch durch das Logo, steht aber auf der Schriftzeile »Hansestadt Rostock« und hat im Hintergrund zwei aufstrebende Dreiecke in Blau und Rot, die Optimismus verbreiten sollen und auch als Segel gedeutet werden können.

In der Rostocker Innenstadt

verboten wurde. Die Entscheidung über die neue Landeshauptstadt überließ die erste frei gewählte DDR-Volkskammer 1990 den Landkreisen der drei ehemaligen Nord-Bezirke. Für die Rostocker gar keine Frage, dass nur die Hansestadt die neue Hauptstadt sein konnte. Hier war das Leben, die Wirtschaft, das Geld, doppelt so viele Einwohner wie in Schwerin und – zumindest für die Rostocker – fast die geografische Mitte des Landes. Mit großer Enttäuschung mussten die Rostocker realisieren, dass die übrigen Mecklenburger und Vorpommern dies nicht so sahen und Schwerin zur Landeshauptstadt kürten.

Nun, auch Frankfurt am Main wird aus Wiesbaden regiert, und so schlimm
t, ist es doch nicht gewor-
ichtige Landesbehörden,
ck angesiedelt wurden,
ostockern über die Kränkung hinweggeholfen. Außerdem hat sich Rostock, aus der Not geboren, ganz schnell wieder den Titel Hansestadt gegeben und das »Hanseatisch-Sein« in den letzten Jahren kultiviert. Obwohl Rostock sich seit dem letzten Hansetag 1669 eher als eine Hafenstadt verstanden hatte, beschloss die Bürgerschaft im März 1990, den alten Titel wieder anzunehmen. Und seither steht es auch an den Autos: HRO – Hansestadt Rostock.

Hansestadt – das hört sich gut an. Weltoffen, reich, wohlsituiert. Alte Traditionen der Kaufmannschaft werden wiederbelebt, Verbindungen entlang der Küsten und über die Ostsee neu geknüpft. Doch Rostock ist kein mustergültiges Beispiel für eine alte Hansestadt. Rostock ist alt und jung zugleich, und das zeigt die Stadt auch: Mit alten und modernen Stadtteilen, mit ihren Menschen, mit den Freuden und Problemen einer kleinen Großstadt, die weiß, woher sie kommt, aber noch auf der Suche danach ist, wohin sie gern möchte.

Stadtentwicklung

Bis zum Jahr 1989 ist die Stadt Rostock ständig gewachsen und überproportional groß geworden – lebten zu Kriegsende nicht einmal 100.000 Menschen in der Stadt, wuchs die Zahl auf fast 260.000 Einwohner an. Der neue Hafen, die Werften und die Seefahrt brauchten Arbeitskräfte. Viele von ihnen kamen aus dem Süden der DDR an die Küste. In Rostock gab es nicht nur eine neue Arbeitsstelle, hier gab es meist ohne allzu lange Wartezeit auch eine Neubauwohnung, das Meer vor der Tür und jeden Tag saubere Luft. Die meisten Neu-Rostocker sind gern hier geblieben. Das gilt auch für die, die nach 1989 – vor allem aus dem Westen Deutschlands – hier heimisch geworden sind. Trotzdem sank die Einwohnerzahl nach der Wende drastisch. Derzeit sind es etwas über 200.000 Menschen, die in der Hansestadt gemeldet sind. Viele sind den Arbeitsplätzen nach Westen gefolgt. Und der Traum vom eigenen Haus erfüllte sich für Rostocker oft jenseits der Stadtgrenzen. Diese tragen dann z.B. DBR auf ihrem Nummernschild, was Bad Doberan, nicht »Dörfer bei Rostock« bedeutet, obwohl es oft stimmt. Nicht zutreffend ist aber auf jeden Fall die Umschreibung »Hysterische rasende Ossis« für HRO. Einige, besonders die Bewohner der neuen Wohnsiedlungen außerhalb der Stadt, ergänzen ihre Identifizierung noch durch einen Aufkleber mit dem stolzen Hinweis: »Fahrer ist Rostocker!«

Rostock und Kempowski

Ein großes literarisches Denkmal hat der Schriftsteller und Lehrer Walter Kempowski seiner Geburtsstadt gesetzt. In mehreren Romanen beschreibt er akribisch – gefärbt mit zum Teil Autobiografischem – die Entwicklung Rostocks in der ersten Hälfte des 20. Jahrhunderts. Als Sohn einer Kaufmannsfamilie 1929 geboren, wurde sein Rostock-Bild geprägt von den Vorkriegs- und Kriegsjahren. Nach Gefängnisaufenthalten und dem Gang in den Westen wuchs seine Rostock-Sehnsucht ins Unermessliche – und suchte sich Ventile in seinen dann auch mit großem Erfolg verfilmten Werken der Deutschen Chronik wie »Tadellöser & Wolff«, »Uns geht's ja noch gold« und »Ein Kapitel für sich«. Sie skizzieren einen Blick auf das bürgerliche Leben in der Stadt, dass es so nach Ende des 2. Weltkrieges bald nicht mehr geben sollte.

Das Kempowski-Archiv Rostock findet man im Klosterhof mit der Hausnummer 3

Umso schwerer war der Neuanfang für Rostock und den mittlerweile großen deutschen Schriftsteller seit dem Mauerfall. Seinen ersten Eindruck von der mittlerweile stark veränderten Stadt kann man wohl am besten mit dem Zitat »Heimat - kannst Du vergessen« umschreiben. Kempowski wurde Ehrenbürger der Stadt und Ehrendoktor der Universität Rostock. Und er verbrachte viel Zeit in der Stadt.

Nicht nur das heutige Kempowskiufer im Stadthafen erinnert an den großen Sohn der Stadt. Im Kempowski-Archiv sind Teile seines Werk-Archivs untergebracht. Und wer sich etwas mehr Zeit nimmt, kann in Rostock auf den Spuren der Familie Kempowski und der Figuren seiner Werke wandeln.

Kempowski-Archiv Rostock
Klosterhof 3 (18055), Tel.: 0381-2037540, www.kempowski-archiv-rostock.de; Dienstag bis Sonntag: 14 bis 17 Uhr, Donnerstag: 9.30 bis 12 Uhr

Kultur und Unterhaltung

Rostock ist eine kleine Großstadt. Die Studenten, die vielen **Kneipen und Clubs**, Theatercompagnien und ein buntes Konzertleben verhindern hochgeklappte Bürgersteige. Den jahreszeit- und tagesunabhängigen Geheimtipp für Vergnügungssüchtige gibt es aber leider nicht. Das Kneipengänger- und Kulturpotenzial muss in den lauen Zeiten zur Belebung sowohl der Rostocker Innenstadt als auch Warnemündes herhalten. Gepflegt essen und trinken kann man in der Altstadt, am Stadthafen und in Warnemünde. Fast überall findet man diverse Fischgerichte auf der Speisekarte, man sollte aber auch den Mecklenburger Rippenbraten mit Apfelrotkohl und die Rote Grütze mit Vanillesauce ausprobieren. In den Kneipen der Kröpeliner-Tor-Vorstadt und rund um das Großkino CineStar in Lütten Klein ist immer was los. Auch

Im Rostocker Hafen gibt es viel zu sehen

in der Rostocker Innenstadt kommen große und kleine Filmfreunde im Capitol voll auf ihre Kosten.

Einige der in der Stadt verteilten Studentenclubs aus DDR-Zeiten haben bis heute überlebt. Und das Glas Bier ist hier nach wie vor für relativ wenig Geld zu haben.

Immer noch ziemlich unbekannt für Rostocker wie auch Touristen ist die Zoologische Sammlung der Universität Rostock. Eigentlich schade, verbirgt sich dort doch ein beachtlicher, schon über 225 Jahre alter Schatz, der bis weit in das 20. Jahrhundert das »Rückgrat« des Faches Zoologie bildete. Das Gebäude am Universitätsplatz 2 beherbergt zahlreiche präparierte Tiere (u.a. Beuteltiere, Vögel) und Skelette, eine Eier- und Schmetterlingssammlung, Rostocks einzigen »echten« Saurier, ein Paar ganz besondere Handschuhe und vieles mehr. Bei einer Führung (Anmeldung unter Tel.: 0381-4986261) kann man viele interessante, ungewöhnliche Dinge erfahren und entdecken. Hier sind auch regelmäßige Sonderausstellungen geplant. Emblem und Herzstück der Sammlung ist der so genannte Mecklenburger Pfeilstorch, der vor fast zwei Jahrhunderten als erster

Der berühmte Pfeilstorch aus der Zoologischen Sammlung

Rostock-Card

Was kostet die Rostock-Card?

Zwischen 7 € und 27 € für einen oder für zwei Tage.

Was gibts dafür?

Bis zu 48 Stunden freie Fahrt in allen öffentlichen Verkehrsmitteln der Hansestadt, eine kostenfreie Stadtführung nebst Innenstadtplan sowie Ermäßigungen von 10–40 % auf Eintritte und Rundfahrten. Sonderpreise und Rabatte in ausgewählten Gaststätten sind ebenfalls inbegriffen. Unter www.rostock.de ist eine umfangreiche Liste mit allen Leistungen einsehbar.

Wo bekommt man die Rostock-Card?

Die Rostock-Card ist bei den Tourist-Informationen in Rostock und Warnemünde (Adressen siehe A–Z ab Seite 131) sowie u.a. an Verkaufsstellen von Nahverkehrsmitteln, in Hotels, Museen oder beim Theater zu erwerben.

Ein Ort für freie Bildung und Kultur: das »Peter-Weiss-Haus«

den Beweis für die lange angezweifelte Reise der Zugvögel nach Afrika bildete.

Nachdem der prunkvolle Theaterbau von 1895 den Zweiten Weltkrieg nicht überstand, hat das **Volkstheater** ein provisorisches Domizil an der Doberaner Straße gefunden. Der Traum von einem neuen Theatergebäude soll in den kommenden Jahren erfüllt werden. Dennoch hat sich das Ensemble mit z.T. sehr modernen Interpretationen von Oper, Musical, Operette, Schauspiel und Ballett einen Namen gemacht. Kleinere freie Theatergruppen gehen immer öfter dorthin, wo ihr Publikum ist: in Ladenpassagen, Kneipen, Supermärkte und auf Tournee durch die Kleinstädte, Dörfer und Seebäder. Beliebt sind im Sommer die Open-Air-Aufführungen der **Compagnie de Comédie** im mittelalterlichen Innenhof des **Klosters zum Heiligen Kreuz**. Das Areal wird traditionell für die jährlichen OstseeJazz-Tage im Juni und seit 2002 für einen

Schauspieler der Compagnie de Comédie bei …

… ihrer Interpretation des Monumentalklassikers Ben Hur

Kunsthandwerker-Hof genutzt. Auch musikalisch wird mit der **Norddeutschen Philharmonie** und Konzerten in der Hochschule für Musik und Theater oder in der St. Nikolai-Kirche einiges geboten. Literaturinteressierte können im **Peter-Weiss-Haus** bei Lesungen auf ihre Kosten kommen. Für Angehörige der schreibenden Zunft gibt es seit 1999 Lyrikmeisterschaften.

Die Benutzung der Stadtbibliothek mit ihren sechs Ausleihestellen ist noch immer kostenlos. Hier gibt es zusätzlich die Möglichkeit, mehrere Internetanschlüsse zu nutzen bzw. am Computer nach den gewünschten Büchern bzw. Themen zu recherchieren. Ein Aufzug verschafft nun auch älteren oder behinderten Bürgern Zugang zu den oberen Etagen.

Sportfans wird Rostock vor allem durch den seit einigen Jahren in der Fußballbundesliga mehr oder minder erfolgreichen FC Hansa Rostock ein Begriff sein. Aber auch in der Leichtathletik, im Schwimmen, Rudern und Segeln gehörten und gehören Rostocker zur Weltspitze. In den letzten Jahren sind die Sportarten moderner geworden. Inline-Skater verunsichern Promenaden-Spazierer in Warnemünde, und Segler und Surfer bestimmen das Bild auf dem Revier vor Warnemünde, sofern Wind und Seegang dies zulassen.

Der **alljährliche Veranstaltungskalender** bietet viele Abwechslungen. Das neue Jahr wird von immer mehr Menschen am Warnemünder Strand begrüßt, begleitet von einem grandiosen Feuerwerk über der Ostsee. Nach dem Ostermarkt wird die neue Touristensaison jeweils am 1. Mai mit dem Stromerwachen in Warnemünde eröffnet.

Anfang Juli quillt Warnemünde vor Menschen fast über: Die Warnemünder Woche mit zahlreichen Segelregatten wird veranstaltet. Dabei sollte man den »Ümgang«, der Szenen aus der Geschichte des Seebades bietet, sowie das Waschzuberrennen im Alten Strom nicht versäumen.

Viele Veranstaltungen sind längst Tradition geworden, wie z.B. das bereits erwähnte OstseeJazz-Festival (Juni), die Hanse Sail (August), das City-Fest (September) sowie weitere Events in und um Rostock und Warnemünde.

Festkalender

1. Januar
Turmleuchten

Rund um Ostern
Rostocker Ostermarkt

Ende April
Lange Nacht der Wissenschaft

1. Mai
Stromerwachen in Warnemünde

Rund um Pfingsten
Rostocker Pfingstmarkt

Anfang Juli
Warnemünder Woche

Anfang August
Hanse Sail

Ende August
Internationales Kleinkunstfestival »Kultur aus dem Hut«

Anfang September
Stromfest

Oktober
Rostocker Dorschtage

Ende November/Dezember
Rostocker Weihnachtsmarkt

Überhaupt wird im ganzen Bundesland Einheimischen und Touristen eine Menge geboten: Eindrucksvoll sind die Festspiele Mecklenburg-Vorpommern an reizvollen Veranstaltungsorten wie alten Guts- und Herrenhäusern für Freunde der klassischen Musik. Groß und Klein verfolgen auf der Naturbühne Ralswiek alljährlich begeistert die Abenteuer des legendären Piraten Störtebeker. Ein weiteres Beispiel sind jedes Jahr auch die Vineta-Festspiele auf der Ostseebühne Zinnowitz. Anfang September wird mit dem Stromfest und dem Drachenfestival symbolisch Abschied vom Sommer genommen.

Auf die längste Tradition aber kann der Rostocker Pfingstmarkt zurückblicken. Im Jahre 1390 fand er zum ersten Mal statt und gestattete während dieser Tage den angereisten Händlern, auch untereinander Geschäfte abzuschließen, ohne Rostocker Kaufleute zu beteiligen. Sein Ruf ist jedoch mittlerweile vom Weihnachtsmarkt überflügelt, dem größten in Norddeutschland. Neben Geschenkkauf-Angeboten und einer Unzahl von Leckereien bietet der Markt mit Karussells und Achterbahnen auch Nervenkitzel und anderes Vergnügen.

Die berühmteste Rostocker Veranstaltung ist seit 1991 die **Hanse Sail**. Das Mitte August stattfindende Windjammer- und Seglertreffen lockt an nur vier Tagen mehr als eine Million Besucher an die Kais des Stadthafens und nach Warnemünde. Geschäftiges Marktvergnügen mit vielen Attraktionen, bunte Veranstaltungen und Regatten sind der Stolz aller Rostocker. Der angereisten Verwandtschaft können endlich die eigenen seemännischen Kenntnisse am konkreten Beispiel präsentiert werden. Und die Fotografen haben mehr Arbeit als nach Weihnachten zu bewältigen.

Quartiersuchenden ohne Vorbuchung dürfte es an diesen Tagen allerdings schwer fallen, in den fast 50 Hotels und über 40 Pensionen der Hansestadt ein freies Bett zu finden. Es gibt aber auch viele empfehlenswerte Privatzimmer. Die-

Die Hanse Sail lockt alljährlich Tausende Besucher an die Warnow

se befinden sich meist in Einfamilien- oder Reihenhaussiedlungen am Stadtrand und sind auch für junge Familien eine preiswerte Alternative.

Museen und Galerien

Schifffahrtsmuseum

Das Museum macht den Eindruck eines frisch Operierten, dem bei dem Eingriff ein Bein abhanden kam: Das **Traditionsschiff**, der frühere 10.000-Tonnen-Frachter DRESDEN, beherbergt heute eine sehenswerte Ausstellung zur Schiffbaugeschichte der Ostseeküstenregion vom Bau des slawischen Einbaumes bis hin zur modernen Fertigung von stählernen Frachtschiffen. Doch: Den Schwerpunkt bildet auch heute noch der DDR-Schiffbau. Betriebsabläufe auf einer Werft von der Konstruktion bis zur Fertigstellung eines Schiffes und der Präsentation von Erzeugnissen der DDR-Werften und der Zulieferbetriebe des Kombinates Schiffbau sind für Besucherinnen und Besucher sicher interessant. Da sich dieser Ausstellungsbereich aber seit der Eröffnung des Museums im Juni 1970 kaum verändert hat, ist das Museum heute teilweise selbst museal. Ebenso werden Informationen rund um die Themen **Unterwasserarchäologie**, Seefunkwesen und Navigation, aber auch zur Seefliegerei, über Utopien im Schiffbau, Meeresforschung und Segelsport gezeigt und ergänzt um eine Exposition zur Geschichte und Gegenwart der Häfen in Rostock, Wismar und Stralsund.

Das zweite Bein des Museums, die Ausstellung zur **Schifffahrtsgeschichte** im Museumsbau am Steintor in der Rostocker Innenstadt, ist seit längerer Zeit geschlossen. Maritime Vereine arbeiten übergangsweise dort, aber der geplante Neuanfang für ein Museum »Schifffahrt Ostsee« ist das nicht. Seit der Sanierung des Traditionsschiffes im Vorfeld der Internationalen Gartenbauausstellung 2003 liegen diese Pläne auf Eis. In der ehemaligen »Societät« werden künftig Sammlungen des Kulturhistorischen Museums zu sehen sein. So bleibt nach einem Besuch des Traditionsschiffes am **Schmarler Warnowufer** im IGA-Gelände nur die Besichtigung der liebevoll zusammen gestellten Außenobjekte und die Hoffnung auf bessere Zeiten für ein maritimes Museum in Rostock.

Immer ein gutes Fotomotiv: das Traditionsschiff »Frieden«

Schiffbau- und Schifffahrtsmuseum
Rostock auf dem Traditionsschiff Typ »Frieden«, Liegeplatz Dorf Schmarl auf dem IGA-Gelände (18106), Tel.: 0381-12831364, www.schifffahrtsmuseum-rostock.de; Di–So 10–18 Uhr

Kulturhistorisches Museum

Sieben Jahrhunderte Stadtgeschichte brauchen ein Zuhause. Seit 1977 ist das Kloster zum Heiligen Kreuz Sitz des Kulturhistorischen Museums – mitten im Stadtzentrum, unweit des Universitätsplatzes, und doch als kleine **Oase der Ruhe**, Besinnung und Entspannung. Die Kunstschätze der Hansestadt Rostock sind hier ebenso zu besichtigen wie interessante Sonderausstellungen, die Touristen und Einheimischen zugleich eine willkommene Zerstreuung nach einem anstrengenden Tag bieten. Das um 1270 von der Königin Margarete von Dänemark gestiftete Kloster wurde erst Ende des 16. Jahrhunderts (nach heftigem Widerstand der Nonnen) in ein protestantisches **Damenstift** umgewandelt und 1920 aufgelöst. 1976 begannen die Rekonstruktionsarbeiten an dem Gebäudeensemble, das direkt an Stadtmauer und Wallanlagen gelegen ist. Zur städtischen Kunstsammlung gehören neben Gemälden flämischer und niederländischer Meister des 17.–19. Jahrhunderts auch Porträts, eine **Grafiksammlung**, Skulpturen (darunter Barlachs »Rächer« und Marcks »Stehender Jüngling«), eine Zinnsammlung und die Sammlung Bernhard A. Böhmer mit beeindruckenden Beständen der von den Nationalsozialisten beschlagnahmten Kunst.

Kulturhistorisches Museum
Kloster zum Heiligen Kreuz, Klosterhof (18055), Tel.: 0381-203590, www.kulturhistorisches-museum-rostock.de; Öffnungszeiten: Di–So 10–18 Uhr

Kunsthalle

Die Kunsthalle befindet sich im einzigen Museumsneubau der DDR-Geschichte am Schwanenteich in Rostock-Reutershagen. Hier wird überwiegend deutsche Kunst des 20. Jahrhunderts mit einem Schwerpunkt auf Werken ostdeutscher Künstler gezeigt. Der Kunst der Küstenregion wird besondere Aufmerksamkeit geschenkt, außerdem beherbergt die Kunsthalle den Nachlass von **Otto**

Das Kloster zum Heiligen Kreuz beherbergt heute das Kulturhistorische Museum

Die Kunsthalle in Rostock

Niemeyer-Holstein. Wechselausstellungen widmen sich beispielsweise neuen Kunstströmungen aus dem Baltikum.

Kunsthalle Rostock

Hamburger Str. 40 (18069), Tel.: 0381-7008, www.kunsthallerostock.de; geöffnet Di–So 11–18 Uhr

Galerie Amberg 13

Die Galerie im Schleswig-Holstein-Haus stellt hauptsächlich kunsthandwerkliche Exponate aus.

Galerie Amberg 13

Amberg 13 (18055), Tel.: 0381-4591222, www.kunstverein-rostock.de; Di–Fr 14–18 Uhr, Sa 12–16 Uhr

Grünes Rostock

Der 25. März 1252 war ein wichtiger Tag für Rostock. Für 450 Mark Pfennige (das sind etwa 105 Kilo reinen Silbers) kaufte die Stadt die Rostocker Heide, neben dem Erwerb Warnemündes das wohl beste Geschäft in der bald 800-jährigen Geschichte der Stadt. Dieser Handel machte Rostock zu einer bis heute an Grundeigentum reichen Stadt. Die Rostocker durften hier jagen und ihre Schweine weiden lassen und so mancher Baumstamm segelte, zu Schiffsbauholz verarbeitet, später stolz über die Meere.

Der Herzog Karl Leopold ließ 1717 Jagdschneisen durch den Wald schlagen. Damit begann erst nach fast fünf Jahrhunderten eine regelmäßige Bewirtschaftung des über 5000 ha großen Waldgebietes.

Eine Menge Geschichten von Räubern, Piraten und Wilderern sind mit der **Rostocker Heide** verbunden. Ortsnamen wie »Rövershagen« deuten an, dass sich früher hier allerlei zwielichtiges Gesindel versteckt hielt. Seit den 30er-Jahren des letzten Jahrhunderts wurde der Wald auch militärisch genutzt. Die Nationale Volksarmee der DDR nutzte hier Schießplätze, Kasernenanlagen und eine Raketenstellung. Seit 1994 gehört die gesamte Rostocker Heide wieder der

Das IGA-Gelände aus der Vogelperspektive – hier gibt es viel zu entdecken

Hansestadt und macht sie damit zu einem der größten kommunalen Waldbesitzer in Deutschland. Durch Fördermittel der Europäischen Union finanziert, wurden die Bauten der Militäranlagen geschreddert, komfortable Radwege angelegt und wieder Bäume gepflanzt. Die wohl beliebteste Spaziertour durch den Wald ist der Weg zwischen **Markgrafenheide** und **Schnatermann**, einem Ausflugslokal direkt am **Breitling**, der Warnowerweiterung. Aber auch die küstennahen Gehölze zwischen Markgrafenheide und Torfbrücke sind einmalig. Hier fällt der Wald fast in die Ostsee.

Grünflächen

Wald:
5.055 ha (28 %)

Rostocker Heide (nicht nur Stadtgebiet):
ca. 6000 ha

Wasser:
1680 ha (9 %)

Uferlänge der Warnow im Stadtgebiet:
56,5 km

Doch auch in der Stadt selbst sind urbane Naturflecken zu finden. Der 1836 gegründete »Verschönerungsverein« half dem Stadtgärtner Joachim Wilcken bei der Umgestaltung der Wallanlagen und beim Anlegen des Rosengartens.

Am Eingang zum Unterwall mit dem Wallgraben steht die kleine Plastik »Die Trinkende«. Die kleine, von den Rostockern innig geliebte und leider schon mehrfach gestohlene Bronze entstand 1922 in der Werkstatt des Berliner Bildhauers Victor Heinrich Seifert.

Von den **13 Parkanlagen** der Stadt sind einige für einen Besuch besonders zu empfehlen. Interessant sind ganz sicher zwei alte Friedhöfe, die heute die Namen **Lindenpark** (Nähe Saarplatz) und **Stephan-Jantzen-Park** (in Warnemünde) tragen. Der Lindenpark verfügt über einen sehr alten Baumbestand. An seiner südlichen Kante in der Nähe des Borenweges ist der alte Jüdische Friedhof Rostocks zu finden.

Die Reutershäger Grünanlage wird durch Plastiken, die dort befindliche Kunsthalle und den Schwanenteich bestimmt. Oft finden Ausstellungen in der Kunsthalle auch vor deren Türen ihre Fortsetzung.

Etwas in Vergessenheit geraten ist der **Stadtpark in Brinckmansdorf**. Inzwischen gehört der Park, obwohl etwas abseits gelegen, postalisch zum Stadtzentrum. Das Ausflugslokal Schweizer Haus lag früher an der Chaussee nach Tessin und war wohl in ganz Mecklenburg bekannt. An die Traditionen des in den 1970er-Jahren abgerissenen Lokals versucht heute das Trihotel wieder anzuknüpfen.

Der Jüdische Friedhof ist eine der schönsten Grünanlagen Rostocks

Zur Universität gehört auch der **Botanische Garten** am Holbeinplatz. Seltene Pflanzen wie Sukkulenten und Orchideen sind hier zu finden, aber auch eine Gebirgsanlage, das Rosarium und ein kleiner Japangarten. Die parkähnliche Anlage bietet Besuchern auch die Möglichkeit, die Flora des Waldes, eine Dünenlandschaft oder ein Hochmoor zu bewundern. Auch fremdländische Gemüse- und Zierpflanzen spielen, neben für Mecklenburg-Vorpommern typischen, zum Teil auch geschützten Pflanzen eine Rolle. Alljährlich finden im Mai ein Blütenfest und im Frühherbst die traditionelle Pilzausstellung statt.

Auf dem Traditionsschiff im IGA-Park Rostock

Ein Tag im Rostocker Zoo

Tierische Abenteuer und spannende Entdeckungen verspricht der Rostocker Zoo. Die Anlagen im Barnstorfer Wald sind nicht nur Tiergarten, sondern beherbergen zugleich seltene Bäume und eine Vielfalt bunter Pflanzen.

Dass der Werbespruch des Zoos »Das ganze Jahr Erlebniszeit« kein leeres Versprechen ist, beweisen die steigenden Besucherzahlen. Während die Schaufütterungen bei Robben, Bären, Elefanten oder Pinguinen zu jeder Jahreszeit Publikumsmagnete sind, locken saisontypische Highlights. Noch 2012 wird die neueste Attraktion fertig: das Darwineum mit einer Zeitreise durch die Geschichte der Evolution.

Ein abwechslungsreiches Veranstaltungsangebot, das in jedem Jahr einem speziellen Thema verpflichtet ist, verführen ebenso zu einem Zoo-Besuch wie das Zoofest und die Zoo-Nächte: die Jazz-Nacht, die Lange Nacht der Wissenschaften, die Klassik-Nacht und die Zoo-Sommernacht. Ein Besuch im Rostocker Zoo ist gerade für Kinder eine Garantie für Spaß und Erholung.

Im Zoo gibt es auch Braunbären …

… und mit Glück auch Löwenbabys

… und Eisbärbabys zu sehen

Zoologischer Garten Rostock
Rennbahnallee 21 (18059), Eingänge am Barnstorfer Ring (ganzjährig) und an der Trotzenburg (Saison),
Tel.: 0381-20820,
www.zoo-rostock.de
… 9 Uhr geöffnet

Zoo in Zahlen

Der Zoo entstand im 19. Jahrhundert als Tiergarten mit sehenswerten botanischen Raritäten. Heute erwarten den Besucher 56 ha einzigartiger Park- und Waldlandschaft. Mit insgesamt 4500 Tieren in 320 verschiedenen Arten ist er der größte Zoo an der deutschen Ostseeküste. Während im Frühjahr die Rhododendren blühen, lockt im Sommer die alljährliche Dahlienschau.

IGA-Park: Geheimtipp für Ruhe-Suchende

Vieles erinnert in Rostock noch an den Sommer des Jahres 2003, als die Stadt Gastgeberin für die **Welt-Gartenbauausstellung** war. Nicht nur wichtige Infrastrukturprojekte wie die Sanierungen des Hauptbahnhofes und des Bahnhofs Lütten Klein sowie der Bau des Westzubringers zur Autobahn A 20 wurden in diesem Zusammenhang realisiert. Gerade der Nordwesten der Stadt profitierte von der Internationalen Gartenbauausstellung (IGA) durch das Engagement der Wohnungsgesellschaften.

Wer die IGA in Rostock erlebt hat, den wird bei einem Besuch des IGA-Geländes jetzt sicher etwas Wehmut beschleichen. Wer sich aber vorurteilsfrei dem Gelände am **Warnowufer** zwischen den Stadtteilen Schmarl, Lütten Klein und Groß Klein nähert, wird ein Kleinod entdecken, das auch Jahre nach dem großen Showdown überrascht und fasziniert. Die Landschaftsstrukturen in dem Niederungsgebiet wurden bei der Gestaltung des Parks umfassend berücksichtigt. Renaturierte Bach- und Wasserläufe prägen heute wieder die Landschaft. Land und Meer sind dabei die zentralen Elemente. Stege und Brücken als verbindende Elemente durchziehen das Areal und schaffen Aussichtspunkte und Sichtachsen.

Der Park gliedert sich in drei Abschnitte: den westlichen Teil am **Messegelände**, den mittleren Bereich und die Uferkante. Gärtnerische Bereiche wie Rosenhang und Rosengarten, Staudenbeete, **Rhododendronhain**, Rostocker Gärten und Nationengärten sind überall im Park verteilt. Sportarena, Insel- und Strandspielplatz bieten Kletter- und Spielmöglichkeiten. Kleinere Spielstationen befinden sich im gesamten Park und laden zu kurzen Pausen ein. Ein großer Teil des Parks mit Schilfbereichen, Sanddorn- und Weidenbeständen wurde naturbelassen. Der **Weidendom** am Nordeingang, das Schifffahrts- und Schiffbaumuseum und Umweltbildungsprojekte runden das Parkangebot ab.

Über 2,6 Millionen Besucher sahen seinerzeit die beeindruckende Schau. Was blieb, ist für die Rostocker, vor allem für die Bewohner der angrenzenden Wohngebiete, über das Ende der

China Garden auf dem IGA-Gelände, eine Oase der Ruhe

IGA hinaus eine bleibende, ökologisch wertvolle »grüne Oase«. Einen Besuch ist sie allemal wert – u.a. auch wegen des beeindruckenden Blicks über die Warnow auf den Rostocker Seehafen.

IGA-Park Rostock

Schmarl-Dorf 40 (18106), Tel.: 0381-12831300, www.iga-park-rostock.de; ganzjährig geöffnet, Tageskarte 1,00 €

Königinnen der Meere an Rostocker Kais

»GÜSt« hieß der Warnemünder Passagierkai im Sprachgebrauch des DDR-Reisebüros. **»GÜSt«** stand für Grenzübergangsstelle und beschreibt in etwa das Sammelsurium von Baracken, Zäunen und Toren des heute wohl attraktivsten Kais im Ostseebad. Ein **Ausflugsdampfer** aus Travemünde machte dort einmal wöchentlich fest und auch die DDR-Urlauberschiffe, zuletzt die MS »Arkona« der Deutschen Seereederei, die durch das ZDF geweckte Traumschiff-Träume auch für wenige Ostdeutsche wahr werden ließ.

Nur noch ein Stück der Berliner Mauer erinnert heute am Warnemünder Passagierkai an das Grenzregime der DDR. Pünktlich zur Saison 2005 konnte das neue Warnemünde Cruise Center eingeweiht werden. Und es war auch dringend nötig: Denn von Mai bis September werden mittlerweile fast 200 Anläufe von mehr als 30 **Kreuzfahrtschiffen** pro Jahr gezählt. Und die Tendenz ist steigend. Rostock zählt damit zu den bedeutendsten Kreuzfahrthäfen Deutschlands.

Zahlreiche Kreuzfahrtpassagiere stammen aus Übersee und Großbritannien. Sie gehen bei ihren Tagesaufenthalten auf **Entdeckungstour** durch Mecklenburg-Vorpommern, flanieren durch Warnemünde oder besuchen das Zentrum der ehrwürdigen Hansestadt Rostock. Hoch im **Kurs** stehen auch Ausflüge nach Berlin. Seit wenigen Jahren ist Rostock aber auch Start- und Endpunkt für Kreuzfahrten, u.a. der hier ansässigen Reederei AIDA Cruises.

Kreuzfahrtschiffe im Hafen sind nicht nur für deren Passagiere beeindruckend. Sie sind auch ein **Magnet** für alle Rostock-Besucherinnen und –Besucher ge-

Giganten machen Station auf dem Weg durch die Ostsee

An den Anlegern wird die beeindruckende Größe der Kreuzfahrtschiffe deutlich

worden. Durch die neuen internationalen Sicherheitsbestimmungen kann man – leider – das Treiben an den **Kais** nur noch als Zaungast beobachten – oder man muss einfach selbst Passagier werden.

Warnemünde Cruise Center
Am Passagierkai (18119), www.rostock-port.de

Mit Kindern in Rostock und Umgebung

Urlaubs- und Ferienzeit – für Kinder und Eltern ist dies nicht immer ein stressfreies, entspanntes KapiTel.: Damit die in Rostock verbrachten Tage und Wochen für alle in guter Erinnerung bleiben, nachfolgend verschiedene **Freizeit- und Erlebnistipps**.

Kleinere Wanderungen durch die historischen Teile Rostocks – mit kindgerechten Erläuterungen und spannenden Sagen illustriert – machen auch schon kleineren Kindern Spaß.

Ein Spaziergang entlang der **Stadtmauer** lässt erst gar keine Langeweile aufkommen, wenn man von ihrer langen Geschichte erzählt. Denn vor etwa 600 Jahren war es für Städte wie Rostock lebenswichtig, die Bürger und den innerstädtischen Besitz vor Angreifern

Teile der Stadtmauer am Kröpeliner Tor

zu schützen. An verschiedenen Stellen waren Aussichtsposten stationiert, die nach Feinden Ausschau hielten. Näherten sich solche der Stadt, wurden die Tore geschlossen und notfalls die darin gelagerten Waffen hervorgeholt. Die Soldaten waren in der Lage, Feinde durch allerlei mittelalterliche Verteidigungsmethoden abzuhalten und zu verjagen. An einigen Stellen waren Kanonen positioniert. Wallanlagen und breite Wassergräben taten ihr Übriges.

Das **Steintor** und das **Kuhtor** dienten zeitweise auch als Gefängnis. Hinter den düsteren und dicken Mauern führten die Gefangenen sicherlich kein angenehmes Leben.

Spannend für Alt und Jung ist sicherlich auch eine Fahrt (oder auch Wanderung) hoch zum **Aussichtsturm** der Petrikirche. Ein Blick von hier lässt erkennen, wie früher Segelschiffe in den Stadthafen gelangten, und wie gut der Hafen bewacht werden konnte.

Kleine Rechner können anhand der **Astronomischen Uhr** in der Marienkirche den Wochentag ihrer Geburt bestimmen.

Erlebnisreiche Wanderungen kann man auch in der **Rostocker Heide** unternehmen. Das FSC-Zertifikat (eine Art »Ökosiegel«) bescheinigt dem Gebiet, dass dort beispielsweise keine Chemie eingesetzt wird. In den abwechslungsreichen und artenreichen Waldgebieten kann man also unbedenklich Pilze und Beeren sammeln.

Ein Besuch im **Rostocker Zoo** ist ein Muss für jede Familie mit Kindern. In verschiedenen Erlebnisstationen neben den Tiergehegen kann man klettern wie ein Affe, schleichen wie ein Luchs ... wie ein Flamingo balancie- ...berqueren der schwankenden Hängebrücken in der Stelzvogelanlage oder der Besuch im Südamerika-Haus – hautnah mit Kapuziner-, Weißbüschel- und Lisztaffen werden zum spannenden Abenteuer. In einer neuen Anlage können Schneeleoparden, Jaguare, Löwen und Erdmännchen bewundert werden.

Ebenfalls einen Besuch wert (unter Voranmeldung) ist die **Zoologische Sammlung** der Rostocker Universität.

Ein ganz besonderes Erlebnis für Groß und Klein ist die alljährlich stattfindende Hanse Sail. Das Organisationsbüro gibt dazu spezielle Kinder-Magazine heraus, die den »Lütten« Wissenswertes über die Veranstaltung, Schiffe, Maritimes und allerhand »Seemannsgarn« vermitteln.

Sport und Spiel

In der Rostocker Innenstadt laden u.a. ein **Abenteuerspielplatz** am Gerberbruch und ein Kleinkinderspielplatz in der Großen Goldstraße zum Herumtollen ein. Kleine Wasserratten kommen im Hallenschwimmbad »Neptun« oder der Warnow-Therme Gehlsdorf auf ihre Kosten. Im Sommer locken die Ostsee und ihre langen Strände. Man kann Kleckerburgen bauen oder Muscheln, Donnerkeile, Seeigel und hübsche Steine sammeln. Viele originelle Geschenke lassen sich daraus basteln.

Manch einer findet sogar ein Stück **Bernstein** oder einen Hühnergott. Was das ist? So werden im Volksmund Feuersteine genannt, in die die Meeresbrandung in vielen Jahren ein Loch gewaschen hat und die als Glücksbringer gelten.

Bei so viel Wasser gibt es auch eine Menge Fisch. In Fremdenverkehrsämtern und Angler-Shops bekommt man Angelerlaubnisscheine, sodass man den Anglern nicht nur zusehen, sondern selbst

In der Museumsbäckerei wird Brotteig geknetet

sein Glück versuchen kann. Am Alten Strom von Warnemünde laden Kutter zu Tagestouren ein und Fahrgastschiffe bieten **Hafenrundfahrten** an. Auch ferne Ziele sind vom Überseehafen mit verschiedenen Fähren in kurzer Zeit erreichbar. Ein Besuch der **Robben-Station** an der Warnemünder Ostmole, Radwanderwege entlang der Ostseeküste, verschiedene Reitangebote sowie die Veranstaltungen in der Rostocker **Eishalle** komplettieren die Palette der Möglichkeiten.

Zwischen Muscheln und Sand findet sich manchmal auch Bernstein

Auch im Umkreis Rostocks gibt es zahlreiche attraktive Ziele. Zu nennen sind dabei u.a. die Mecklenburger Bäderbahn »Molli«, die von Bad Doberan bis nach Kühlungsborn fährt, das Ribnitzer Bernsteinmuseum, das Landschulmuseum Göldenitz oder das **Museumsdorf Klockenhagen**. Der **Natur- und Umweltpark** in Güstrow bietet neben Aqua-Tunnel, Wildfreigehegen, Tastpfaden, begehbaren Freiflugvolieren etc. zusätzlich Abend- und Nachtwanderungen zu Wölfen und Eulen an.

Ein Muss ist der Besuch in **Karls Erlebnisdorf** bei Rövershagen. Deutschlands größter Bauernmarkt bietet inmitten von Erdbeerfeldern Spiel- und Entdeckerspaß für Jung und Alt bei jedem Wetter.

Unterwegs

Sightseeing in Rostock
Die Vorstädte
Ausflüge in die Umgebung
Fischland – Darß – Zingst

Sightseeing in Rostock

Wenn man heute auf der Kröpeliner Straße, der Fußgängerzone in Rostocks Innenstadt, flaniert, kann man sich kaum noch eine Vorstellung von der historischen Stadtentwicklung machen. Auf den meisten Stadtplänen sind jedoch die Begrenzungen des mittelalterlichen Rostock, wie sie mit Vollendung der Stadtmauer um 1300 gezogen wurden, noch deutlich zu erkennen. Dieser Bereich umfasste drei Teilstädte. Im Osten liegt die Wiege Rostocks, die verwinkelte Altstadt mit dem Alten Markt, der Petri- und Nikolaikirche. Westlich der Altstadt, rund um das heutige Rathaus und den Neuen Markt, entwickelte sich ab 1232 die so genannte Mittelstadt. Und noch etwas weiter westlich entstand um 1250 die Neustadt mit dem Hopfenmarkt, dort wo heute die Universität und der Universitätsplatz sind. Bis weit ins 19. Jahrhundert sind sie nahezu unverändert geblieben. Erst das Zeitalter der Industrialisierung sprengte die alten Begrenzungen. Wie Jahresringe eines Baumes legten sich danach die Spuren des industriellen Wachstums um den historischen Stadtkern, der im 13. Jahrhundert aus Altstadt, Mittelstadt und Neustadt zusammengewachsen war. Neue Stadtviertel dehnten sich dann seit 1900 kontinuierlich nach Westen und Süden aus. Einen neuen Schub bekam die Stadterweiterung noch einmal in den 1960er- und 70er-Jahren, als Wohnraum für neue Arbeitskräfte gebraucht wurde. Für sie wurden zwischen Rostock und Warnemünde riesige Neubauviertel gebaut, in denen heute ein Großteil der Rostocker wohnt.

Wir haben für Sie einen dreigeteilten Rundgang beschrieben, der Sie zu den Sehenswürdigkeiten innerhalb des historischen Stadtkerns führt.

Rundgang 1:

Rund um den Neuen Markt

Einen Rundgang durch das historische Stadtzentrum Rostocks beginnt man am besten am Neuen Markt. Als Marktplatz der Mittelstadt, des zweiten, bis etwa 1232 entstandenen Stadtkerns gebaut, war er der repräsentativste Ort der Stadt. Nur besonders wohlhabende Kaufleute konnten hier ein Giebelhaus ihr Eigen nennen. In der Platzmitte wurde gehandelt, zeitweise schmückte eine Wasserkunst den Platz. Heute findet man hier den neuen **Möwenbrunnen**, bestückt mit dem römischen Gott Neptun, dem Herrscher über alle Gewässer, und drei Göttergestalten der griechischen Mythologie.

Markantestes Gebäude ist das siebentürmige **Rathaus**. Von vorn den Rathäusern in Lübeck und Stralsund ähnlich, verbergen sich hinter der Fassade des Rostocker Rathauses zwei gewöhnliche **Giebelhäuser**, die nur optisch zu einem Gebäude verbunden wurden. Betrachtet man den Gebäudekomplex von der Rückseite, ist dies noch deutlich sichtbar. Die Stadt wurde von hier aus verwaltet, regiert, und unter den Rathausarkaden wurde auch Handel getrieben. Ein im frühen Mittelalter entstandener hölzerner Vorbau, die Laube, hielt 1719 einem Sturm nicht stand, und so ließen die Rostocker den sächsischen Baumeister Zacharias Voigt an ihr Heiligstes. Er setzte vor die **gotische Fassade** einen für damalige Verhältnisse hochmodernen barocken Vorbau mit Laubengang und tauchte das Rathaus in einen Rosa-Farbton. Nur die sieben gotischen Tür-

Das Rathaus mit seinen sieben Türmen, davor der Möwenbrunnen

Das Rathaus und seine Schlange

Was sich Rathausbesucher nicht entgehen lassen sollten: Das Berühren der Schlange am Fuße der vierten Säule von links an der Vorderfront des Rathauses. Sie soll dem Rat Weisheit und Klugheit für seine Entscheidungen geben, könnte aber auch als Handwerkerzeichen oder Aalmaß eine Rolle gespielt haben.

me des ursprünglichen Bauwerks und der obere Teil der spätgotischen Schauwand sind von der Vorderseite aus noch zu sehen. Im gleichen Jahrzehnt erhielt das Gebäude einen barocken Festsaal. Die Diskussionen um die Existenzberechtigung dieser doch so gar nicht an die gotisch-hanseatischen Traditionen Rostocks erinnernden Fassade begannen bereits 1727 und dauern bis heute. Sollte man nicht doch die Laube wieder abreißen und damit den Blick auf die gotische Fassade frei machen? Die jeweiligen Bürgermeister und Oberbürgermeister wussten dies jedoch bisher zu verhindern: Befindet sich doch das Büro des Stadtobersten in der Mitte der Rathauslaube.

Zeugnisse fast 800 Jahre alter Baugeschichte sind in der gerade rekonstruierten Rathaushalle zu besichtigen. Backsteinrote Gotikbögen und originalverzierte Balken atmen Historie. Vier »Sichtfenster in die Vergangenheit« zeigen den Besuchern mittelalterliche Fenster-, Fuß- und Treppengestaltung. Ältestes Relikt ist ein Holzbalken aus dem Jahr 1230. Außerdem erwartet den Besucher eine moderne Infothek.

Im Ratskeller wurde schon zu Hansezeiten kräftig gezecht. Hier gab es auch das Brummbärenloch – Studenten, die allzu viel Gerstensaft konsumiert hatten und dies durch übermäßig lautes Gegröle dokumentierten, durften eine Nacht in diesem Loch verbringen.

Links schließt sich an das Rathausgebäude ein Erweiterungsbau aus den 1950er-Jahren an, der Bauhaus-Tradition aufnimmt und neutraler Verbinder zwischen Rathaus und künftiger Nordbebauung des Neuen Marktes sein wird.

Wenn Sie rechts neben dem Rathaus in die Große Wasserstraße einbiegen, sehen Sie das Stadthaus, einen Jugendstilbau, der mit dem Haupthaus durch die »höhere Beamtenlaufbahn«, einem Überweg über die Straße Hinter dem Rathaus, verbunden ist. Das Gebäude entstand um die letzte Jahrhundertwende, als das Rathaus nicht mehr groß genug für die rasch gewachsene Stadt war. Auch der Giebel des **Kerkhoffhauses** wurde in den Neubau einbezogen. Der damalige Bürgermeister Kerkhoff ließ sich um

Die Fassade des Kerkhoffhauses

1470 dieses Haus in unmittelbarer Nachbarschaft zum Rathaus bauen. Der Giebel zählt mit seinen Terrakotten und den farbigen Klinkern heute zu den schönsten Architekturzeugnissen des späten Mittelalters in Rostock. Seit 1907 sind hier das Standesamt und das Stadtarchiv untergebracht. Deshalb ist es nicht verwunderlich, dass sich in vielen Rostocker Fotoalben Bilder ganzer Familien vor diesem Gebäude finden lassen.

Gegenüber der Großen Wasserstraße, zurück am **Neuen Markt**, erstreckt sich an der Südseite des Marktes das ehemalige **Hauptpostamt**. Durch die Verwendung der Giebelformen und Arkaden gelang hier Anfang der 1950er-Jahre ein für diesen Platz höchst passables Gebäude.

An der Marktseite gab es früher die Wirtschaft »Mond und Sterne«. Und somit muss ein richtiger Rostocker die Frage »Was liegt zwischen Sonne, Mond und Sterne?« mit »die Steinstraße« beantworten.

An der Ecke Neuer Markt/Steinstraße stand auch das Kaufmannshaus der Familie Mann, das 1767/68 erbaut, jedoch im Zweiten Weltkrieg zerstört wurde. An der südwestlichen Ecke des Platzes befindet sich ein Giebelhaus mit einer Sonne auf der Giebelspitze. Sie symbolisiert den Namen des mittlerweile schon dritten Hotels an dieser Stelle. Am Gebäude befindet sich eine Gendenktafel für Hugo Grotius (1583–1645), der hier starb.

Einen Eindruck von der Bedeutung des Neuen Marktes für die Hafenstadt vermitteln noch heute die **Giebel** auf der dem Rathaus gegenüberliegenden Westfront des Platzes. Besonders erwähnenswert sind dabei die Häuser Nr. 12 und 16. Der weiß verputzte Giebel des Hauses Nr. 16 ist ein Renaissance-Voluten-Giebel, auf dessen Spitze ein Löwe thront. Deutlich zu erkennen sind die schwarzen, geschmiedeten Ankersplinte, die die Holzkonstruktion des Gebäudes mit dem Mauerwerk verbinden.

Blick über den Möwenbrunnen auf den Neuen Markt

Nach Norden hin ist der Platz noch offen. Häuserruinen, Relikte der Zerstörungen während des Zweiten Weltkrieges, wurden abgetragen, die Neubebauung in den 1950er-Jahren wurde damals zugunsten der Langen Straße und einer entsprechenden Aufmarschiermöglichkeit fallengelassen.

Früher stand die **Marienkirche** etwas abseits vom Neuen Markt, aber durch die fehlende nördliche Häuserzeile ist sie nach dem Zweiten Weltkrieg näher an den Platz herangerückt. Die Marienkirche als Hauptkirche der Stadt wurde zunächst als einfacher Holzbau im 13. Jahrhundert errichtet, sollte dann aber durch einen attraktiven Baukörper ersetzt werden. Der Baumeister war wohl kein Meister seines Faches, zumal die Statik damals noch nicht berechnet werden konnte. Der fast vollendete Bau stürzte 1398 in sich zusammen. Die Marienkirche wurde dann erneut unter Einbeziehung von Teilen des alten Chores bis 1450 errichtet. So entstand nach dem Vorbild französischer Kathedralen eine kreuzförmige Basilika, deren lichte Höhe stolze 33 Meter beträgt. Der Leuchtturm der Warnemünder Westmole würde ohne Probleme in die Kirche hineinpassen. Das Quer- und das Längsschiff sind nicht nur in etwa gleich lang, sie sind auch gleich hoch. Der Abschluss des Turmes erfolgte erst 1796/97. Für eine Besichtigung der Marienkirche sollte man sich unbedingt Zeit nehmen.

Der Besuchereingang im Südportal befindet sich am **Ziegenmarkt**. Die durch zahlreiche Baumaßnahmen und stetige Touristenströme belebte Kirche atmet mehr als andere vergleichbare Sakralbauten den Zeitgeist vergangener Generationen und bietet allerlei Überraschendes. Schon der barocke **Hochaltar** ist sehenswert und zudem für den

Die Ansicht der Marienkirche aus Richtung des Neuen Marktes

Der Blutstein auf dem Neuen Markt

Steht man vor dem Eingang des Hauses Nr. 16 und geht von dort 15 Schritte auf den Markt, so trifft man auf einen unscheinbaren roten Stein mit einem eingeschlagenen Kreuz. Solche Kreuzsteine wurden in der Vergangenheit zur Erinnerung an Mordtaten gesetzt und so erinnert der so genannte Blutstein an eine gar schlimme Tat: Ein Hochzeitspaar in fröhlicher Gesellschaft kam, frisch getraut, von St. Marien auf den Neuen Markt spaziert. Doch die Braut war dem Bräutigam nicht gegönnt. Ein unterlegener Nebenbuhler setzte dem jungen Glück ein jähes Ende.

Eindrucksvoll schmiegt sich die Orgel in den Kirchenbau

Norden selten. Die drei Altargemälde »Abendmahl«, »Auferstehung« und »Ausgießung des Heiligen Geistes« erzählen aus der Lebensgeschichte Jesu Christi. Dem Hochaltar gegenüber befindet sich eine 1767–1770 geschaffene beeindruckende **barocke Orgel**. Mit ihren 5702 Pfeifen, 83 Registern und vier Manualen lässt sie die Mauern von St. Marien problemlos mit Klängen erfüllen. Besonders im Sommer locken die mittwochs stattfindenden Orgelkonzerte viele Musikliebhaber hierher. Unter der Orgel befindet sich die Fürstenempore. Der mecklenburgische Herzog nahm bei Besuchen in Rostock hier in der Marienkirche am Gottesdienst teil, ebenso wie die Professoren der Universität, denen das hellgrüne Professorengestühl unter der Empore zur Verfügung stand. Die Marienkirche war nicht nur die Ratskirche, sondern bis 1899 gleichzeitig Universitätskirche. Die Predigten wurden von der **Renaissance-Kanzel** gehalten – sie ist mit Reliefs, die Szenen aus dem Leben Jesu Christi darstellen, verziert. Der Schalldeckel dagegen stammt aus dem Barock. Gegenüber der Kanzel hängt ein Bildnis Martin Luthers mit einem Schwan, der eigentlich eine Gans ist. Und da im Tschechischen Gans mit Hus übersetzt wird, will das Gemälde die geistige Verbundenheit der Reformatoren Jan Hus und Martin Luther herstellen. Außerdem erinnert es daran, dass schon 1531 die Reformation in Rostock anerkannt und die Marienkirche protestantisch wurde.

Ein Gang zur kleinen Winterkirche unter der Fürstenempore macht den Blick frei auf eines der alten **farbigen Fenster** von St. Marien. Es wurde von der Familie Mann gestiftet. Ein Sohn der Familie zog später nach Lübeck und wurde durch die Nachfahren, die Schriftsteller Thomas, Heinrich und Klaus Mann, weltberühmt. Die Fenster mit den Abbildungen der beiden Stammhäuser der Familie (in der Steinstraße und am Glatten Aal) und ein Grabstein unmittelbar links neben dem Ausgang erinnern noch heute an die Mann'sche Zeit in Rostock. Rechter Hand hängt ein Wandteppich, der aus dem 16. Jahrhundert stammt. Im Querschiff ist der Nikolai-Kirch-Altar zu finden, rechts daneben ein Gemälde des Rostocker Malers Egon Tschirch, das die Marienkirche und ihre Umgebung nach den Bombardements auf Rostock im April 1942 zeigt. Dabei kamen vorwiegend Phosphor-Brandbomben zum Einsatz, die sich von Stockwerk zu Stockwerk durch das Haus brannten. In jenen

Nächten war die Marienkirche für viele Rostocker Notunterkunft und schützendes Dach über dem Kopf. Auch auf die Kirche fielen Bomben. Durch den beherzten Einsatz des Küsters und seiner Tochter gelang es, diese vom Dach zu holen und dadurch den Rostockern ein Wahrzeichen zu retten, das gerade in der Zeit des Wiederaufbaus Trost spendete und Ansporn war, die Stadt nicht aufzugeben.

Einige Schritte vom Gemälde Egon Tschirchs entfernt befindet sich ein **bronzenes Taufbecken**, das (folgt man der Inschrift) zu Ostern 1290 geweiht wurde. Schon seine Größe von ungefähr drei Metern macht es zu einer Seltenheit im Ostseeraum. Das Becken wird von vier knieenden Herren getragen, die die Elemente Erde, Feuer, Wasser und Luft symbolisieren. Die Außenwandungen des Beckens sind wiederum mit Szenen aus dem Leben Jesus Christi versehen. Auf dem Deckel ist das Geheimnis von den klugen und den törichten Jungfrauen zu entdecken. Bekrönt wird das Becken durch einen Adler als Sieges- oder auch Fruchtbarkeitssymbol. Der altangestammte Platz des Taufbeckens in der Kirche war etwa an der Stelle der heutigen Orgel. Trotz der enormen Schwere des Taufdeckels wurde das Becken zu jener Zeit auch benutzt. Ein schwebender Engel diente nach Flaschenzugprinzip als Gegengewicht. Immer wenn ein Täufling unter Wasser getaucht werden sollte (wie damals noch üblich), verschwand der Deckel in den lichten Höhen von St. Marien, und der Engel wohnte der Zeremonie bei.

Auf dem Fußboden der Kirche finden sich überall alte Grabsteine. Besonders interessant sind einige rund um das Taufbecken. Es sind oft mehrere Namen auf den Steinen verewigt, einige davon sind durchgestrichen: Geringer Schiffsverkehr

Das bronzene Taufbecken von 1290 mit geschlossenem Deckel

im Rostocker Hafen zu Kriegszeiten war schuld daran, dass die Steine mehrmals verkauft wurden. Durch Ballast, den die Segelschiffe bei zu wenig Ladung an Bord nehmen mussten, bekam Rostock normalerweise ausreichend Pflaster- und Grabsteine. Aber in Zeiten kriegerischer Auseinandersetzungen bzw. zur Zeit des Schwedenzolls in Warnemünde, der den Rostocker Hafen sehr wirksam lahm legte, blieb der Nachschub aus. Deshalb wurden Grabsteine mehrfach verwendet.

Die astronomische Uhr in der Marienkirche

Der wahrscheinlich bedeutendste Rostocker Kunstschatz ist die **Astronomische Uhr** in der Marienkirche. Im Jahre 1472 soll sie fertiggestellt worden sein. Damit ist sie eine der wohl ältesten heute noch funktionierenden astronomischen Uhren der Welt.

Jüngste Forschungen lassen vermuten, dass sie aus dem 14. Jahrhundert stammen könnte. Ein Nürnberger Uhrmachermeister schuf das Werk für die Rostocker Marienkirche zu einer Zeit, als dies eine Modeerscheinung war. Jede Stadt wollte die schönste, größte, beste Uhr ihr Eigen nennen. So soll es dann auch vorgekommen sein, dass einem Uhrmacher nach Fertigstellung aus Dankbarkeit beide Augen ausgehackt wurden – als Garantie dafür, dass er eine gleichwertige oder gar schönere Uhr nicht mehr bauen konnte. Die Rostocker Uhr ist eine Drei-Zeiger-Uhr, weil sie die drei Zeitebenen Tag, Monat und Jahr anzeigt. Sie wurde 1643 neu eingefasst und mit dem Apostelumgang versehen. Jeden Mittag um 12 Uhr läuft das gleiche Schauspiel ab: Auf dem Baldachin steht Jesus Christus. Zu seiner Rechten geht eine kleine Tür auf, aus der dann insgesamt sechs Figuren herauskommen und an ihm vorbeischreiten, sich leicht huldigungsvoll zu ihm wenden, um dann auf der linken Seite wieder hinter einem Türchen zu verschwinden. Seine Jünger wurden (wohl aus Kostengründen) in der Anzahl einfach halbiert. Der Letzte der Sechs hat auch die gleiche Funktion wie der Letzte der zwölf: Vor Judas, dem Verräter, geht laut knallend die Türe zu. Er muss draußen »in der Kälte« bis zum nächsten

Mittag um 12 Uhr warten, zum großen Vergnügen des versammelten Publikums. Der obere Teil ist die eigentliche Uhr. Eingerahmt von den vier Evangelisten zeigt der äußerste der konzentrischen Kreise die Tagesstunden an: Zweimal von eins bis zwölf. Die Zeit ist mithilfe des Zeigers ablesbar. Die Ganggenauigkeit der Uhr ist jedoch größer als die Anzeigegenauigkeit. Die Uhr läutet zwar mit Choralmelodien pünktlich zur vollen Stunde, man kann aber die Zeit nicht auf die Minute genau ablesen, was im Mittelalter auch nicht weiter wichtig war. Das folgende Rund zeigt die Tierkreiszeichen. Der aktuelle Stand wird durch die Sonne am Ende des einen Zeigers gekennzeichnet. Der nach innen folgende Kreis symbolisiert die Monate mit einer dazugehörenden Abbildung der Landarbeiten im jeweiligen Jahresabschnitt. In der Mitte zeigt eine Scheibe die Mondphase an. Wesentlich interessanter erscheint das Kalendarium, der untere Teil der astronomischen Uhr. Auf der linken Seite zeigt ein Gelehrter mit einem Stab auf das aktuelle Tagesdatum. Die Kalenderscheibe ist von 1884–2017 nutzbar und verrät allerlei Wissenswertes wie den Tagesnamen im katholischen Kalender, Sonnenauf- und Untergangszeiten, Fastenzeiten sowie die Osterdaten. Dass die Uhr in einem relativ guten Zustand ist, verdankt sie der Tatsache, dass sie 1974–1977 in einer Berliner Werkstatt aufwändig restauriert wurde.

Die heutige Kalenderscheibe gilt seit 1888 und ist für diese Zeit auch ewiger Kalender. Wie bekommt man nun den Wochentag zum jeweiligen Datum heraus? Zuerst sucht man den Kreis mit den Jahreszahlen (etwa in der Mitte der Kreise). Rechts daneben stehen ein oder zwei rote Buchstaben, die die Sonntage im jeweiligen Jahr kennzeichnen. In jedem Schaltjahr sind zwei Sonntagsbuchstaben aufgeführt: Der erste gilt für alle Tage vor dem 29. Februar, der zweite für alle Sonntage danach. Dann sucht man sich im äußersten der konzentrischen Kreise das entsprechende Datum. Rechts daneben ist der schwarze Tagesbuchstabe aufgeführt. Sind beide Buchstaben identisch, handelt es sich um einen Sonntag. Alle anderen Wochentage bestimmt man durch Weiterzählen der Buchstaben. Ist der Sonntagsbuchstabe F gültig, handelt es sich beispielsweise bei einem Tag mit dem Buchstaben C um einen Donnerstag.

Die Uhr ist ab 2018 nicht etwa wertlos, es muss nur die Kalenderscheibe erneuert werden. Dies wird der Start für das Doppeljubiläum, 800 Jahre Stadtrecht und 600 Jahre Universitätsgründung.

Links und rechts neben der Uhr weisen mittelalterliche Beichtstühle darauf hin, dass auch die Marienkirche bis zum Vollzug der Reformation im Jahre 1532 eine katholische Kirche war. Rechts neben der Uhr ist der **Rochusaltar** zu finden, der letzte der ehemals 37 Innungsaltäre aller Rostocker Handwerkerämter. Gewidmet ist er Rochus von Montpellier, dem Schutzheiligen gegen Seuchen und Pest, denn es war der Altar des Amtes der Bartscherer und Wundärzte, einer Berufsmischung aus heutigem Friseur und Chirurgen. Denn immer, wenn im Mittelalter Blut ins Spiel kam, übergab der Arzt die Arbeit an den Wundarzt.

Der **Ziegenmarkt** vor der Marienkirche hat seinen Namen vom hier früher betriebenen Viehhandel. Rechts neben der Alten Münze am Ziegenmarkt befindet sich die letzte Rostocker Bude. In solchen profanen Fachwerkbauten, die meist an Giebelhäuser angelehnt wurden (man sparte sich die selbsttragende Konstruktion), lebten die armen Leute, die meist beim Kaufmann des Nachbarhauses verdingt waren. Etwa 40 % der Stadtbevölkerung gehörte im Mittelalter zur Stadtarmut. Weitere 40 % waren mehr oder minder erfolgreiche Kaufleute, auch Haken genannt; ein Fünftel waren gut betuchte Kaufleute, die sich ein oder sogar mehrere Giebelhäuser leisten konnten.

Die **Alte Münze** ist eines der bekanntesten Giebelhäuser. War es lange Zeit als Café eine gute Adresse, hat nun wieder »das Geld« Einzug in dieses Haus gehalten. In Rostock wurden bis 1864 Münzen geprägt – das Relief des Münzschlägers auf der rechten Fassadenseite der Alten Münze erinnert daran. Das letzte geprägte Geldstück war eine Drei-Pfennig-Münze. Das Renaissance-Portal zeigt über dem Eingang den Rostocker Greif, das Wappentier der Hansestadt, das auch die Rückseite der Münzen zierte.

Eingangstor der Alten Münze mit Rostocker Greif

Links neben dem Hauptgiebel der Alten Münze befindet sich ein Nebengiebel, der so genannte **Altenteiler**. Er wurde für die Senioren errichtet. Wenn diese das Geschäft und damit auch das Haupthaus in die Hände der Jüngeren gaben, konnten sie sich in den Gebäudeteil des Altenteilers zurückziehen, hatten so ihr eigenes Reich, waren aber auch immer am Geschehen beteiligt. Später, als Verkaufsfläche wichtiger wurde, setzte man vor die Fassaden kleine Vorbauten, die einerseits die Erdgeschossfläche geringfügig vergrößerten, andererseits auch Schaufensterfläche boten. Diese so genannten Utluchten sind heute noch vor einigen größeren Giebeln zu finden.

Rundgang 2:

Links und rechts der Kröpeliner Straße

Wir kehren vom Ziegenmarkt zurück auf die **Kröpeliner Straße**, der wir nach rechts folgen. Sie bildet heute das Herzstück des Stadtzentrums und führt vom Neuen Markt zum Kröpeliner Tor. Zwischen Neuem Markt und Fauler Grube hieß sie früher Blutstraße. Der Name hat nichts mit einer Gewalttat zu tun, sondern beinhaltet den Gegensatz zur Steinstraße, die mit Steinen befestigt war. Die Blutstraße (Blote Straten) war bloß, also ungepflastert. Schwer vorstellbar, dass durch diese enge Straße

Hinein ins pulsierende Zentrum der Stadt: die Kröpeliner Straße

noch bis in die 1960er-Jahre neben den Autos auch die Rostocker Straßenbahn fuhr. Auf dem eingleisigen Abschnitt war jedoch erhöhte Aufmerksamkeit vonnöten: Wenn ein Waggon schon auf dem Gleis war, musste der andere warten. Befestigungshaken der Oberleitung sind noch heute an einigen Gebäuden zu entdecken. Die Giebel der Kröpeliner Straße erzählen viel über die Rostocker Geschichte. Im Wesentlichen gotischen Ursprungs, wurden sie mehrmals im Laufe der Jahrhunderte verändert und dem jeweiligen Zeitgeschmack angepasst, sodass sich an den Fassaden ihrer Häuser heute die Abfolge verschiedener Baustile verfolgen lassen: von der Backsteingotik über zahlreiche Renaissance- und Barockhäuser bis zur Postmoderne am Fünfgiebelhaus.

Die **Faule Grube**, nach rechts abbiegende Querstraße der Kröpeliner Straße, trägt diesen Namen wohl nicht zu Unrecht, denn noch im Mittelalter floss hier ein sumpfiges Bächlein entlang – es war die Grenze zwischen Mittel- und Neustadt. Von ihr links abbiegend kommt man zu einem ganz besonderen Kleinod im Herzen der Stadt, zum **Heiligengeisthof**. Kleine Stadtkaten aus dem frühen 19. Jahrhundert bilden hier einen Innenhof, der mit seinen kleinen Boutiquen, Galerien und Lokalen in Rostock einmalig ist. Über die Eselföterstraße gelangen wir zurück auf die Kröpeliner Straße.

Zwischen Fauler Grube und Breiter Straße befand sich einst der **Hopfenmarkt**. Heute trägt das Quartier gegenüber zwischen Kröpeliner Straße und der Straße Rostocker Heide den Namen Hopfenmarkt. In diesem noch jungen Innenhof kann der Besucher das sehen, was Rostock seit einigen Jahrzehnten so unverwechselbar macht: Die gelungene Symbiose von Alt und Neu, von Tradition und Moderne. Während die Rückseite der Giebelhäuser der Kröpeliner Straße deren Alter erkennen lässt, finden sich an der Südseite des Hofes Neubauten der 1990er-Jahre, die mit den alten Gebäuden durchaus harmonieren.

Giebel der Stadtbibliothek im »Haus Ratschow«

Einen der schönsten in Rostock erhaltenen Backsteingiebel der Spätgotik hat das **Haus Nr. 82** (früher Hopfenmarkt 28). Es befand sich in der Nachbarschaft der 1818 abgerissenen fünfschiffigen Kirche des Heiligen-Geist-Hospitals, wo im Mittelalter Arme, Kranke und Bettler verköstigt wurden. Nach dem Zweiten Weltkrieg wurde die Stadtbibliothek in dem wieder aufgebauten Haus untergebracht. Vor einiger Zeit ist es mit seiner schmucken Giebelfront vollständig saniert worden.

Auf der linken Straßenseite führt ein schmaler Durchgang über die Rungestraße zur **Michaeliskirche**. Sie gehörte zum gleichnamigen Mönchskloster der »Brüder vom gemeinsamen Leben«, die Rostock 1476 zum zweitältesten Buchdruck-Ort in Norddeutschland machten. Die ehemaige Klosterkirche hat nach Schließung des Klosters unterschiedlichste Nutzungen erfahren. 1619 wurde der Kirchturm abgetragen, das Gebäude, als Zeug- und Kornhaus zweckentfremdet; später war hier das Wollmagazin und im westlichen Teil auch einige Jahre die Turnhalle der Universität. 1942 brannte das Gebäude teilweise aus und beherbergt seit 1960 die evangelisch-methodistische Kirche. In den letzten Jahren wurde es rekonstruiert, sodass hier auch die Bibliothek des Fachbereichs Geschichte der Rostocker Universität untergebracht werden konnte.

Gegenüber befand sich früher die Untersuchungshaftanstalt. Sie wich vor einigen Jahren dem neuen **Rostocker Hof**, einer Einkaufspassage, die von der Rückseite sehr modern wirkt. Durch einen passageähnlichen Zugang gelangt man zur Glaskuppel der Galerie. Auf zwei Etagen sind Geschäfte und Lokale angeordnet. Die Etagen darüber gehören zu einer Hotelkette, die auch den noch existierenden Gebäudeteil des um 1880 errichteten Hotels Rostocker Hof übernommen hat. Je mehr man sich wieder der Kröpeliner Straße nähert, desto historischer ist das Gebäude. Wo heute der nördliche Galerie-Eingang ist, befand sich früher das Foyer des alten Hotels. Die Stuckdecken in den Geschäften zu beiden Seiten des Eingangs und die komplette Fassade stehen unter Denkmalschutz. Von der Kröpeliner Straße aus ist nicht viel von der Größe dieser Galerie zu erkennen, die sich seit ihrer Eröffnung im November 1995 schnell zum Herzstück der Fußgängerzone gemausert hat. Wer möchte nicht einmal auf dem Hotelbalkon stehen und das Treiben auf der Kröpeliner betrachten – so, wie es schon Hans Albers in den 1930er-Jahren bei seinem Besuch in Rostock tat.

Vor dem Rostocker Hof finden wir den Wegestein, der erst vor kurzem geschaffen wurde. Er soll an die Gabelung zweier Handelswege erinnern, der der Universitätsplatz seinen Ursprung verdankt. Auch die neue Pflasterung weist auf die Geschichte dieser Stätte hin. Der Verkehr war hier so schnell gewachsen, dass es schon 1925 erforderlich wurde, an dieser Stelle eine Verkehrsampel zu installieren.

Folgen wir der Kröpeliner Straße weiter nach links, gelangen wir zum **Universitätsplatz**. Früher Markt der um 1253 entstandenen Neustadt, ist er heute der wohl schönste Platz im Zentrum Rostocks. An der Stelle des 1819 abgerissenen ehemaligen Rathauses der Neustadt, das von der Universität als Auditorium magnum genutzt wurde, ist seit 1980 der **Brunnen der Lebensfreude** zu bestaunen. Die insgesamt 16 lebenslustigen Figurengruppen, von den Rostocker Künstlern Jo Jastram und Reinhard Dietrich geschaffen, illustrieren ihren Titel teiweise recht anschaulich.

In der Mitte des Universitätsplatzes wurde 1819 das **Blücherdenkmal** eingeweiht. 1819 wurde der Platz auch

Das Blücherdenkmal

Die Stadt ließ dem legendären »Marschall Vorwärts«, der in den anti-napoleonischen Befreiungskriegen zu Ruhm gelangt war, erst kurz vor seinem Tode das Denkmal errichen. Grund hierfür war die Annonce eines Spaßvogels in einer Hamburger Zeitung, in der stand, dass Blücher sich für den Plan einer Denkmalaufstellung bedanke. Darüber aber hatten die sparsamen Rostocker Stadtväter überhaupt noch nicht nachgedacht.

Eiligst wurde Geld gesammelt und der Berliner Bildhauer und Politkarikaturist Gottfried Schadow bemüht. Mit einem von Christian Rauch nach dem Original modellierten Kopf schuf Schadow seinen Blücher. Am Sockel sind Szenen seiner Schlachten dargestellt, und Goethe verfasste sogar eine Inschrift mit einem kurzen Lobspruch auf den Feldherrn.

Der Brunnen der Lebensfreude vor dem Hauptgebäude der Universität

nach Blücher benannt. 1950–61 kurzfristig in Stalinplatz umbenannt, heißt der Platz heute ganz unverfänglich und damit hoffentlich auch dauerhaft: Universitätsplatz.

Das Hauptgebäude der **Universität** im Stil der mecklenburgischen Terrakottarenaissance erzählt viel von der Geschichte der Alma Mater, auch wenn es, zwischen 1867 und 1870 erbaut, schon das dritte Universitätsgbäude an dieser Stelle ist. 1419 wurde der Lehrbetrieb an der Alma Mater Rostockiensis mit drei Fakultäten aufgenommen. Der Theologischen Fakultät wurde wenig später vom Papst die Genehmigung erteilt. Jede dieser vier Gründungsfakultäten wird durch eine Plastik symbolisiert: Von links nach rechts die Medizinische und Theologische Fakultät, dann die Jurisprudenz und die Philosophie. Die Standbilder verkörpern die Stifter, die Herzöge Johann und Albrecht zu Mecklenburg.

Über dem Portal ist das Portrait des ersten Kanzlers der Universität, des Bischofs von Schwerin, zu erkennen. Darüber der Wahlspruch der Rostocker Universität: »Doctrina multiplex veritas una« – »Es gibt viele Lehren, aber nur eine Wahrheit«. Die vielen Gesichter in der »Bauchbinde« um das Gebäude herum, die Gelehrte und Wissenschaftler von Rang und Namen verkörpern, haben die Zeiten an dem Gebäude überstanden – der Schriftzug »Wilhelm-Pieck-Universität«, den die Uni seit Mitte der 1970er-Jahre nach dem ersten Präsidenten der DDR trug, dagegen nicht.

Nicht nur am Universitätsplatz werden viele Gebäude, die eigentlich zu anderen Zwecken errichtet wurden, heute von der Uni genutzt. Auch Teile der ehemaligen Bezirksverwaltung des DDR-Staatssicherheitsdienstes und die kaiserliche Kaserne in der Ulmenstraße sind nun universitäre Gebäude. Mit heute etwa 15.000 Studenten zählt die Universität heute eher zu den kleineren in Deutschland, hat sich aber durch ihr breites Fächerspektrum und gute Studienbedingungen einen aus-

Der Barocksaal

gezeichneten Ruf weit über die Landesgrenzen hinaus erworben.

Das helle, etwas unscheinbare schlichtbarocke Gebäude am Südrand des Universitätsplatzes war das **Großherzogliche Palais** aus dem Jahr 1714, Residenz der Großherzöge zu Mecklenburg-Schwerin bei ihren Besuchen in der Stadt. Herzog Carl Leopold, sein Erbauer, versuchte zwischen 1713 und 1719 mit allerlei Methoden gewisse historisch verbriefte Rechte des Rostocker Bürgertums einzuschränken, um die Stadt stärker seinen Interessen zu unterwerfen. Er nahm den Rostockern das Privileg der Akziseeinnahme (eine indirekte Verbrauchs- und Verkehrssteuer/Zoll) und hob dafür den Warnemünder Schwedenzoll auf. Erst eine kaiserliche Kommission und nach Rostock entsandte Truppen veranlassten ihn, der Stadt die Handelsprivilegien zurückzugeben. Sein Nachfolger, Herzog Christian Ludwig II., ließ um 1750 links daneben den wohl prächtigsten barocken Festsaal Norddeutschlands, den **Barocksaal**, bauen, der seine Straßendurchfahrt zur Schwaanschen Straße erst 1910 erhielt und heute auch die Tourist-Information beherbergt. Von großherzöglichen Plänen, die eigene Machtpräsenz in Rostock zu verstärken, kündet noch heute die Neue Wache mit ihren mächtigen Säulen. Das ehemalige Oberappellationsgericht und auch das **Neue Museum**, das nie ein Museum war, werden heute von der Universität genutzt.

Wesentlich jünger sind die Gebäude an der Nordseite des Universitätsplatzes. Das rechte Eckgebäude Kröpeliner/Breite Straße, in dem heute ein Fast-Food-Restaurant zu finden ist, war das erste **Experiment** des Bauens mit industrieller Großplattenbauweise im Stadtzentrum und stammt aus den Anfängen der 1970er-Jahre. Terrakotten am Giebel erzählen Geschichten aus der real existierenden DDR. Notbaracken, die bis Mitte der 1970er das Bild des Platzes prägten, verschwanden endlich, als die DDR-Kaufhauskette Centrum ihren Anspruch

Das berühmte Fünfgiebelhaus

auf das Areal und damit auch die Pläne, hier ein modernes Kaufhaus zu errichten, fallen ließ. Die Stadt selbst konnte das Gesicht dieses Platzes gestalten und nutzte die Chance, an **alte Traditionen** anzuknüpfen. Obwohl in Großplattenbauweise errichtet, entstand ein an historische Giebelformen angelehntes Gebäude mit insgesamt fünf Giebeln. Die alten Gebäudehöhen wurden beachtet, Laden- und Lokalflächen errichtet und, insbesondere im zweiten Giebel von rechts, historische Bezüge geschaffen. Dass dies möglich war, ist sicherlich auch

Blick in den Innenhof des Klosters zum Heiligen Kreuz

dem Sonderstatus Rostocks als Tor zur Welt und damit als DDR-Vorzeigestadt zu verdanken. Der aufmerksame Blick in die Höhe auf der Suche nach verspielten Details lohnt sich. Betrachtet man allerdings die Rückfront des Gebäudes, wird man kaum Unterschiede zu den Neubauten in den großen Stadtteilen »auf der grünen Wiese« feststellen können. Mitte der 1980er-Jahre fertig gestellt, ist das **Fünfgiebelhaus** noch heute der Stolz vieler Rostocker, auch wenn das Glockenspiel – ein so genanntes Carillon – nicht wie noch zu DDR-Zeiten täglich manuell, sondern nur noch selten von Hand bespielt wird.

Vom bunten Treiben auf dem Universitätsplatz sind es nur wenige Schritte durch den Klosterhof, vorbei an den alten Professorenhäusern und der heutigen Universitätskirche zu dem idyllischen Flecken an der Stadtmauer und zur erholsamen Ruhe im Garten des **Klosters zum Heiligen Kreuz**. Im früheren Zisterzienser-Nonnenkloster ist seit Mitte der 1970er-Jahre das **Kulturhistorische Museum** ansässig. Das Stiftungsgemälde im Kreuzgang erzählt die Gründungsgeschichte des Klosters. Sehenswert ist auch die gerade sanierte Universitätskirche. Die Nonnen des Klosters waren früher sehr einflussreich. Es gelang ihnen, das Kloster trotz Reformation bis 1562 weiterzuführen. Erst dann wurde es protestantisch, 1584 schließlich in ein Damenstift umgewandelt, das 1920 aufgelöst wurde.

Seit 1980 kann man hier neben wechselnden Ausstellungen Kunstschätze der Stadt Rostock, wie z.B. eine bedeutende Sammlung niederländischer Malerei und Grafik des 17.–19. Jahrhunderts besichtigen und in den alten Gemäuern etwas vom Klosterleben erahnen.

Das Kloster zum Heiligen Kreuz

Im Jahre 1268 machte Königin Margarete von Dänemark Station bei ihrem Vetter Waldemar von Rostock. Sie kam aus Rom, von einer Audienz beim Papst, wo sie Abbitte für die unter der Herrschaft ihres Mannes am dänischen Volk ergangenen Sünden leistete. Der Papst erteilte ihr die Absolution und übergab ihr Splitter vom Kreuze Jesu Christi für ein zu bauendes Kloster. Als sie bei ihrer Weiterfahrt nach Dänemark in einem großen Sturm beinahe ihr Leben verlor und Fischer sie nur mit knapper Not etwa in Höhe der Hundsburg (heute Schmarl) aus der Warnow retteten, sah sie dies als göttliche Fügung an und wollte hier das Kloster errichten. Einflussreiche Herren überredeten sie jedoch zu einem Standort in der Nähe der Stadt, obwohl die Zisterzienser ihre Klöster sonst nur auf freiem Feld bauten. Um 1300 hatte das Stadtgebiet dann das Kloster eingeschlossen. Königin Margarete wurde im Doberaner Kloster beigesetzt. Und der Splitter (ob er echt ist?) hängt am Kruzifix in der Rostocker Klosterkirche, in der u.a. auch der spätgotische Dreikönigsaltar (um 1420/30) des Dominikanerklosters St. Johanns zu bewundern ist.

Im Klosterhof befindet sich das **Kempowski-Archiv** in Rostock. Hier können Literatur- und Geschichtsfreunde in Manuskripten und anderen Materialien Walter Kempowskis blättern sowie in Romanen des Autors genannte Gegenstände besichtigen.

Ein rekonstruierter Teil des hölzernen Wehrganges entlang der Stadtmauer ermöglicht das Betreten der Wallanlagen durch eine kleine Pforte. 450 Meter **Stadtmauer** aus dem 13. Jahrhundert sind zwischen Kröpeliner Tor und Schwaanscher Straße mehrmals restauriert worden. Man kann entlang der Mauer mit ihren Wiekhäusern (Mauereinbuchtungen zur Lagerung von Kriegsgerät) einen kleinen Spaziergang zum Kröpeliner Tor machen. Noch heute kann man Oberwall und Unterwall erkennen und die mittelalterliche Wehrhaftigkeit Rostocks nachvollziehen. Eine gewaltige, noch vorhandene Erdbefestigung ist die um 1625 geschaffene Dreiwallbastion mit der aus Quellen gespeisten, sagenumwobenen Teufelskuhle. Das dunkle, ruhig daliegende Wasser hat in der Vergangenheit für so manche schaurige Geschichte gesorgt. Eine davon berichtet, dass früher an dieser Stelle ein prächtiges Schloss gestanden hat, das später verwunschen wurde und im Boden versank. Die Öffnung schloss sich mit tiefschwarzem Wasser. Wenn hier aber gefischt wurde, sollen die Turmspitzen des Schlosses den Fischern die Netze zerrissen haben.

Restaurierte Überreste der einstigen Stadtmauer

Rundgang 3:

Das Kröpeliner Tor und die nördliche Altstadt

Für die Namensgebung des **Kröpeliner Tors** stand möglicherweise ein damals wichtiger Handelsort, etwa 35 Kilometer westlich von Rostock, Pate. Und tatsächlich markierte das Tor den westlichen Ausgang der mittelalterlichen Stadt. Andere Quellen wiederum benennen eine gut situierte Kaufmannsfamilie gleichen Namens als möglichen Ursprung des Tor- und Straßennamens. Während sich die Neubauten mancher Textilkaufhäuser mit neuem Glanz harmonisch in die Straße einfügen, war der Komplex um das frühere Kaufhaus Wertheim für die Stadtplaner lange ein Sorgenkind. Das einst so herrliche Kaufhaus in Rostock (mit der wohl ersten Rostocker Rolltreppe) beschämte seit der »Reichspogromnacht« die Rostocker und musste über 60 Jahre später abgerissen werden.

Das Kröpeliner Tor beherrscht nach wie vor die Szene in diesem Teil der Fuß-

Das Kröpeliner Tor am westlichen Ausgang der mittelalterlichen Stadt

gängerzone. Das westliche Haupttor der Stadt (einst führten 22 Tore durch die Stadtmauer) ist mit seinen 54 Metern Höhe das prunkvollste der vier noch erhaltenen Stadttore. Deutlich sichtbar sind die drei Bauabschnitte, in denen das gotische Wahrzeichen Rostocks entstand. Und an der Stelle, wo früher die Straßenbahnen durch das Tor fuhren, befindet sich jetzt der Eingang des vom Verein Geschichtswerkstatt genutzten Gebäudes. Stadtseitig sind der mecklenburgische Stier und das Rostocker Stadtwappen eingearbeitet, auf der Rückseite grüßt seit 1905 der Rostocker Greif die Besucher aus nah und fern.

Rechts neben dem Kröpeliner Tor ist der **Sieben-Schwestern-Brunnen** von Reinhard Dietrich zu finden. Die Zahl Sieben hat hier nichts mit der Rostocker Stadtgeschichte zu tun, sondern steht bildlich für den Propagandaspruch aus den 1960er-Jaren »Die Ostsee soll ein Meer des Friedens sein.« Sieben Schwestern, jede einen Ostseeanliegerstaat symbolisierend, reichen sich friedlich im Reigen die Hände. Der Wunsch nach Frieden ist geblieben, die Anzahl der Schwestern mittlerweile falsch. Denn am Brunnen tanzen noch zwei deutsche Schwestern, während Russland und die drei baltischen Republiken nur durch eine sowjetische Schwester vertreten sind. Der Platz vor dem Hotel war früher nach dem Kommunisten Hermann Duncker benannt. Sein Denkmal steht noch heute am Platz, gegenüber dem Hotel, ist aber vom Grün mittlerweile fast überwuchert.

Direkt am Kröpeliner Tor entlang führt die **Lange Straße**, heute eine der wichtigsten Verkehrsadern der Innenstadt. Wie sie vor den Bombenangriffen des Jahres 1942 ausgesehen hat, ist kaum mehr vorstellbar, denn nur wenige Häuser in der lägsten Straße des historischen Stadtkerns hatten den Krieg unbeschadet überstanden. Daher bot sich nach dem Zweiten Weltkrieg eine totale Neubebauung an. Aus der ehemals schmalen Gasse mit Wohn- und Geschäftshäusern

Blick entlang der Langen Straße in Richtung St. Marien

in unterschiedlicher Höhe wurde in der DDR-Zeit eine breite Aufmarschstraße mit monumentalen Bauten – sie sollten von der Macht und Kraft der neuen, **sozialistischen Epoche** Zeugnis ablegen. Im Gegensatz zu den Bauten an der Berliner »Stalinallee« wurden die neuen Gebäude an der Langen Straße jedoch nicht im sowjetischen »Zuckerbäckerstil« errichtet, sondern man orientierte sich an hanseatischen Bautraditionen – durch die Betonung der Vertikalität der Vorder- und Rückfronten; durch einen mächtigen Staffelgiebel gegenüber der Breiten Straße sowie viele Ziertürmchen und Arkaden. Die großen, durchbrochenen Rosetten bewirken, dass der Wind die Schmuckwände nicht eindrücken kann, zugleich sind sie ein gotisches Symbol der Sonne. Nicht nur die Rostocker, die zunächst keine der dort entstandenen großen Wohnungen abbekamen, konnten mit dieser **neuen Architektur**, die auch den historischen Gebäudemaßstab erheblich verletzte, nur schwer ihren Frieden schließen. Erst jetzt, nach der Wende und dem Untergang der DDR, wissen auch die Rostocker die Lange Straße zu würdigen. Diese wurde als Beispiel für das Bauen in den 1950er-Jahren unter Denkmalschutz gestellt.

Wir überqueren die Lange Straße und gelangen auf eine kleine Anhöhe oberhalb des Parkplatzes am elfgeschossigen Bürohochhaus. Von hier aus kann man den Blick über den alten **Stadthafen** zum Rostocker Nordosten genießen. Dies war früher ein strategisch wichtiger Verteidigungspunkt für die Hafeneinfahrt und zugleich Richtplatz. Daran erinnern auch drei alte Kanonen, die auf dem Kanonsberg nahe der **Fischerbastion** stehen. Der Stadthafen war bis Anfang der 1990er-Jahre Umschlagplatz, wurde dann aber nicht mehr benötigt. Die hohen Zäune um das Gelände fielen, und heute ist der Stadthafen wieder problemlos zugänglich. Einige Kräne auf der dem Kanonsberg gegenüberliegenden Haedgehalbinsel erinnern an das geschäftige Hafentreiben vergangener Jahr-

Zur Hanse Sail im Stadthafen von Rostock

hunderte. Gastronomie, Theater und Discotheken sorgen heute für buntes Treiben an den Kais des Stadthafens. Und Stück für Stück ist so aus dem Stadthafen eine Bummel- und Promeniermeile geworden. Der Stadthafen ist in den letzten Jahren das Zuhause für Segler und Tummelplatz für die vielen Gäste geworden, die Rostock alljährlich Mitte August während des Segler- und Windjammertreffens **Hanse Sail** einen Besuch abstatten.

Die Treppen am Bürohochhaus herabsteigend, beginnt rechts das ehemalige Hafenviertel, die heutige **nördliche Altstadt**. Nur noch drei Speicher standen hier in den 1970er-Jahren auf einer großen Freifläche, die durch Krieg, Unachtsamkeit und Verwahrlosung entstanden war. Pläne der Regierung, hier parallel drei Hochhäuser zu bauen, konnten die Rostocker verhindern. Nach 1980 entstand das Hafenviertel neu. Mit Betonplatten wurden giebelähnliche Bauten errichtet, die in Häusergröße und -struktur Traditionen des alten Hafenviertels in der damals üblichen industriellen Plattenbauweise aufgriffen. Bei der Neubebauung wurden nicht nur die drei Speicher einbezogen, auch die alten Straßenführungen und Straßennamen wurden weitestgehend beibehalten. Die parallelen Straßen verlaufen von der Langen Straße Richtung Stadthafen zur Strandstraße.

Die Kais entstanden erst im 19. Jahrhundert, sodass die Straßen in so genannte Kaufmannsbrücken (Stege zum Anlegen für die Segelschiffe) endeten. Die Straßennamen erinnern an Kaufmannsfamilien, die hier wohnten (Wokrenterstraße), oder an Gewerke, die hier ansässig waren (Fischerstraße, Badstüberstraße). Hauptsächlich Kauf- und Seeleute haben hier gelebt. Der Rostocker Schriftsteller John Brinckman hielt mit plattdeutschen Geschichten das Leben im Rostocker Hafenviertel fest. Ein Denkmal, gewidmet seiner Titelgestalt **Kaspar Ohm**, erinnert in der **Badstüberstraße** an den Rostocker Heimatdichter.

Kaspar Ohm

Kaspar Ohm war ein oller Käpten, der nicht mehr zur See fuhr und nun in Rostock allerlei Schabernack anstellte. Er wollte seiner Verwandtschaft vor den Toren der Stadt einen Besuch abstatten. Doch der Fußweg dahin war lang und beschwerlich. Kaspar Ohm lieh sich ein Pferd: Das beste, was in Rostock zu haben war – einen Fuchs (niederdeutsch: Voßwallach). Und da er meinte, dass er auf diesem Pferd wirklich ein sehenswerter Anblick sei, promenierte er reitend durch die Stadt. Leider war an der Neuen Wache am heutigen Universitätsplatz gerade Wachwechsel. So richtig ordentlich – mit Trommelwirbel. Und leider kannte der Gaul das Trommelgeräusch nicht. Das Pferd scheute, brannte durch und galoppierte mit Kaspar Ohm auf dem Rücken durch die Kröpeliner Straße hinaus aus der Stadt. Es warf den lästigen Reiter etwa am heutigen Doberaner Platz in einen Tümpel – zum großen Gespött der Rostocker. Die Spatzen am Denkmal verraten schon den Ausgang der Geschichte.

nach Johann Brinckman: »Kaspar Ohm un ick«

Blick auf die Wokrenterstraße – im Hintergrund dominiert die Marienkirche

Unverputzte Klinkerfassade des Hausbaumhauses

Hier treffen wir auch auf den ersten Speicher, der vor wenigen Jahren saniert wurde. Über die Straße An der Oberkante gelangen wir zum ehemaligen Speicher in der **Schnickmannstraße**. Am Ende der Schnickmannstraße biegen wir nach rechts Beim Hornschen Hof ein und erreichen an der Ecke Wokrenterstraße den dritten Speicher, der früher ein Kaufmannshof war. Ihm gegenüber erstrahlen die Giebelhäuser der Ostfront der **Wokrenterstraße** in neuem Glanz. Nur zwei von ihnen, das zweite von oben und das letzte unten, standen schon immer hier. Die anderen Giebel sind Umsetzungen von anderen Standorten bzw. Nachbauten nach historischen Bauplänen. So entstand in den 1970er-Jahren diese für das alte Hafenviertel so repräsentative Giebelfront. Das Haus Wokrenterstraße 40 mit den unverputzten Klinkern ist ein **Hausbaumhaus**. Es lässt den Aufbau eines hansischen Kaufmannshauses gut erkennen. Unten befanden sich neben dem Kontor die Lagermöglichkeiten für schwere Güter. In manchen Häusern war das Erdgeschoss sogar als geneigte Ebene konstruiert, sodass Fässer nur an die Türschwelle gelegt werden brauchten und dann ganz automatisch nach hinten rollten. In der ersten, manchmal auch in der ersten und zweiten Etage, befand sich die Wohnung der Kaufmannsfamilie. In den darüber liegenden Geschossen wurden leichtere Güter gelagert, die mittels einer Seilwinde nach oben transportiert werden konnten.

Das Mauerwerk wird von einer hölzernen Stützkonstruktion getragen, deren Verbindungen mit den Ankersplinten an der Fassade des Hausbaumhauses in den oberen Etagen gut zu erkennen sind. Um die Lagerfläche in der untersten Etage so groß wie möglich zu gestalten, hält ein zentraler Balken die Kräfte der oberen Geschosse. Je höher man im Gebäude kommt, umso mehr verästelt sich die Holzkonstruktion – wie bei einem Baum. Der Name Hausbaum bezeichnet also diese spezielle Stützkonstruktion, die auch in anderen Giebelhäusern zu finden ist. Erst um 1800 wurden diese universellen Kaufmannshäuser durch die Speicher als reine Lagerbauten ergänzt. Gelagert wurden Fisch, Stoffe, Gewürze, Tuche und natürlich **Bier**. Es spielte im Mittelalter eine große wirtschaftliche Rolle für Rostock und war in ganz Skandinavien berühmt. Über 250 Brauhäuser soll es früher hier gegeben haben. Die Qualität des heutigen Rostocker Bieres testet man am besten in der historischen Hafenkneipe **»Zur Kogge«** am nördlichen Ende der Wokrenterstraße. Noch 1950 wurde hier regelmäßig das Gestühl erneuert: Allzu hitzige Seeleute langten gern einmal zu.

In der nächsten Parallelstraße, der **Lagerstraße Nr. 26** treffen wir auf ein weiteres mächtiges Speicherhaus, das um 1600 errichtet wurde und nicht dem großen Stadtbrand von 1677 zum Opfer fiel. Allein der Giebel besteht aus vier Geschossen und zahlreichen Luken. Imponierend ist auch der gewaltige Hausbaum im Innern des Gebäudes. Der kleinteilig abgetreppte spätgotische Giebel, die so genannte Katzentreppe, deutet den Übergang zum Renaissancegiebel an. Hier befindet sich nun die Rostocker **Technische Kunstschule**.

Über die Strandstraße gehen wir weiter zum **Mönchentor**, dem letzten der

Die älteste maritime Gaststätte Rostocks: »Zur Kogge«

ehemaligen Stadtore aus dem 16. Jahrhundert. Das Tor hat seinen Namen von einem wohlhabenden Kaufmann erhalten, der in dieser Gegend gelebt haben soll – 1806 wurde es umgebaut und bekam eine klassizistische Fassade, nachdem es ursprünglich im gotischen Stil erbaut und später im Renaissance-Stil erweitert worden war. Einem Entwurf des Universitätsprofessors Gustav Schadeloock (1732–1819) entsprechend, wurde das Tor mit Pilastern, Triglyphen, Tropfenplatten und einer Vasenbekrönung versehen. Als Zeichen der Verbundenheit unterstützte Rostocks Partnerstadt Bremen die Stadt 1990–1992 bei der Instandsetzung des ziemlich heruntergekommenen Tores. Eine Tafel im Innern des Tores berichtet über den hier geborenen Ferdinand Müller, der sich, 1825 hier geboren, später anerkannte Verdienste

Blick in den Rostocker Hafen

bei der Erforschung und Erschließung der australischen Flora erwarb. Ein weiteres, interessantes Schild gilt es dort zu entdecken: An seiner Unterkante kann man ablesen, wie weit ein im Februar 1625 tobender Nordost-Sturm die Fluten trieb.

Weiter der Straße Am Strande folgend, am gegenüberliegenden Speicher vorbei, gelangt man an einen Übergang zum Hafengebiet.

Der **Hafen** ist so alt wie die Stadt selbst und erstreckte sich in früherer Zeit vom Mönchentor im Osten bis zur Fischerbastion im Westen. Die älteste Darstellung des Hafens findet sich auf der über 18 Meter langen Bildrolle von Rostock und Umgebung, die der Rostocker Kramer Vicke Schorler anfertigte. Man sieht dort fünf Anlegestellen, zwei kleinere hölzerne Kräne, das Werftgelände zwischen Grapengießer- und Fischertor sowie den Fischereihafen.

Im 19. Jahrhundert wurde der Hafen erheblich ausgebaut und erhielt einen Bahnanschluss. Die Schienen führten Richtung Grubenstraße bis zum Güterbahnhof. Nach Gründung der DDR war der Stadthafen 40 Jahre lang noch ein wichtiger Umschlagplatz für Küstenmotorschiffe (Holz, Getreide, Stückgut), während der Hauptumschlag in dem 1960 entstandenen Überseehafen abgewickelt wurde.

Seit 1990 vollzog sich im Gebiet des Stadthafens ein radikaler Umbruch. Man hat das Hafengelände Schritt für Schritt als touristische Attraktion erschlossen und dort Dienstleistungszentren und maritime Einrichtungen angesiedelt. Wo sich 40 Jahre lang streng abgeschirmtes Hafenbetriebsgelände befand, laden mittlerweile gut ausgebaute Fußgänger- und Radfahrwegen sowie Marinas mit vielen Segelschiffen zum Bummeln und Entdecken ein. Die alten Getreidespeicher sind nun moderne Bürohäuser. Nicht nur während der Hanse Sail soll so das alte Hafengebiet zur Attraktion für Rostocks Besucher werden. Ein erhebliches verkehrstechnisches Hindernis für eine wünschenswerte, engere Verzahnung zwischen dem Hafengelände und der Nördlichen Altstadt bzw. dem Zentrum ist aber die mehrspurige Autostraße »Am Strande«, die wie ein Sperrriegel die beiden Gebiete voneinander trennt. Da wesentliche Teile des Stadtverkehrs hier entlang gehen, dürfte dieses Problem in den nächsten Jahren ein Hauptsorgenkind der Stadtplaner in Rostock bleiben.

Wir überqueren die Straße am Strande wieder auf Höhe der Grubenstraße, biegen links in die Straße Beim Waisenhaus ein und erreichen das frühere **St. Katharinenstift**. Es entstand zwischen 1223 und 1243 als Franziskanerkloster. Nach der Reformation wurden die 80 dort lebenden Bettelmönche vertrieben und das Gebäude als Armenhaus, Waisenheim, später als Zucht- und Werkhaus, als Schule, Lazarett und Nervenheilanstalt, im letzten Jahrhundert auch als Altersheim genutzt. Die häufigen Funktionswechsel hatten der Bausubstanz arg geschadet. Inzwischen wurden die ursprünglichen Klosterbauteile freigelegt und aufwändig saniert. Ab dem Sommersemester 2001 wurde die Anlage den Studenten der Hochschule für Musik und Theater übergeben.

Folgen wir der Straße Amberg, gelangen wir zur Petrikirche, ins Zentrum des ältesten Stadtteils von Rostock.

Das höchste Bauwerk in der Rostocker Altstadt: Die Petrikirche

Rundgang 4:

Die östliche Altstadt

Die eigentliche Wiege Rostocks liegt nicht, wie man denken könnte, am Neuen Markt, sondern in der heutigen **östlichen Altstadt** um die alles überragende Petrikirche. Und seit November 1994 stimmt wieder ein Stück altes Rostock: Der Turm der Petrikirche ist (wieder) 117 Meter hoch.

Es begann alles an der Warnow, so etwa in der Nähe der Petrikirche. Wo sich der Fluss verbreitert, ist er auch für Segelschiffe gut schiffbar. Von der kleinen Anhöhe östlich neben der Petrikirche blickt man auf die Warnow und die Stelle, an der früher die slawische Burg Roztoc stand und an der heute die Vorpommernbrücke nach Osten führt. In der Stadtmauer erinnert ein Gedenkstein an die Bestätigung des lübischen Stadtrechts am 24. Juni 1218 durch Fürst Borwin I. für die seit etwa 1200 bestehende deutsche Siedlung. In der Petrikirche, der Kirche des ersten Rostocker Stadtkerns, predigte von

Über den Dächern der östl. Altstadt – links hinten der weithin sichtbare Kühlturm

1525–1532 der Prediger **Joachim Slüter** die Lehren Martin Luthers in plattdeutscher Mundart. Der Zulauf war so groß, dass er zeitweilig sogar vor der Kirche seine Predigten abhalten musste. Die Reformation in Rostock, der sich der Rostocker Rat 1531 anschloss, ist ihm mit zu verdanken. Die Umstände seines schnellen Todes im Jahre 1532 sind bis heute mysteriös. Ein gerade erst neu gestaltetes Denkmal erinnert an ihn. Das Petritor, früher unterhalb der Petrikirche gelegen, war einmal die Einfahrt in die Stadt von Osten. In einer Nacht-und-Nebel-Aktion verschwand es in den 1950er-Jahren »aus verkehrstechnischen Gründen«, wie es in der damaligen Propagandasprache hieß.

Denkmal des Reformators
Joachim Slüter an der Petrikirche

Die **Petrikirche** als dreischiffige gotische Basilika ist seit dem 13. November 1994 mit stolzen 117 Metern wieder das höchste Bauwerk in der Altstadt, löst mit dieser Höhe aber leider den seit 1991 von fast allen Standorten sichtbaren 141 Meter hohen Kühlturm des neuen Steinkohlekraftwerkes nicht ab. Der 60 Meter hohe, spitze Turmhelm war schon mehrmals im Laufe der Jahrhunderte erneuert worden und fehlte den Rostockern auch seit dem Zweiten Weltkrieg. Unmittelbar nach der Wende wurde eine Stiftung ins Leben gerufen, die sich um den Wiederaufbau bemühte. Schließlich war der Turm der Petrikirche jahrhundertelang als Landmarke für die Seefahrt bedeutend gewesen. Im November 1994 wurde dann endlich unter reger öffentlicher Anteilnahme und Begeisterung der Spitzturm aufgesetzt.

Auch im Innern bietet die Petrikirche Sehenswertes: die 1512 gegossene Tauffünte, den Gedenkstein an die hier beigesetzten Eltern des Feldherren Blücher und das 1962/63 vom Rostocker Künstler Lothar Mannewitz geschaffene Glasgemälde in den Chorfenstern. Das Portal wurde 1999 vom Kneeser Bildhauer Jo Jastram gestaltet. Besonders empfehlenswert ist ein Blick vom Kirchturm auf das ganze Stadtgebiet (Aufzug vorhanden!). Das Gesicht des **Alten Marktes** vor der Petrikirche verändert sich heute rapide. Neue Häuser wachsen empor, die sich aber relativ harmonisch in diesen eher ruhigen und besinnlichen Teil der östlichen Rostocker Altstadt einfügen. Giebelhäuser findet man hier nur vereinzelt. In der Regel überwiegen schmale, kleine Traufenhäuser in dem Teil des mittelalterlichen Rostock, der besonders von Handwerkern bewohnt wurde.

Den Weg vom Alten Markt zur Nikolaikirche entlang der **Lohgerberstraße** säumen kleinere Handwerkerhäuser, bescheidene Giebel und Speicher. Direkt dahinter befinden sich noch Reste der alten Stadtmauer. Straßennamen wie Gerberbruch, Wollenweber- oder Altschmiedestraße, erinnern an die früher hier ansässigen Gewerke. Auch die **Nikolaikirche** wurde bei den Bombenangriffen 1942 schwer beschädigt. Mit ihrem Bau wurde schon 1230 auf damals wendischem Gebiet begonnen – sie zählt damit zu den ältesten im Ostseeraum erhaltenen Hallenkirchen. In den Nachkriegsjahren wurden zunächst nur die notwendigsten Reparaturarbeiten durchgeführt, um zumindest eine provisorische Nutzung des Kirchenraumes zu ermöglichen. Erst 1976 wurde mithilfe finanzieller Mittel der westlichen Kirchen eine Gesamtinstandsetzung begonnen. Seit den 1980er-Jahren sind 22 Appartements für Kirchenmitarbeiter sowie Gästeräume unter dem Kirchendach zu finden – eine aus Holland stammende Idee, die es der Evangelischen Kirche ermöglichte, ihren Mitarbeitern Wohnraum zur Verfügung zu stellen. Im Kirchturm sind Verwaltungsräume der Kirchenverwaltung und ein Veranstaltungsraum untergebracht, das Kirchenschiff ist nach umfangreichen Renovierungsarbeiten inzwischen

Die Nikolaikirche

Die Viergelindenbrücke überspannte früher einen Nebenarm der Warnow und später die zum Hafen führenden Gleise. An die frühere Klappbrücke erinnern die »Raumklammer« und ein darunter angelegter Wasserlauf.

als Konzert- und Theatersaal ausgebaut worden. Unter dem höher liegenden Chor, auf der dem Eingang gegenüberliegenden Seite der Kirche, führt eine kleine Durchfahrt, der **Schwibbogen**, hindurch. Gebaut zur allseitigen inneren Zugänglichkeit der Stadtmauer im Verteidigungsfall, war er lange Zeit bei Fahrlehrern ein beliebter Test für die Fähigkeiten ihrer Fahrschüler.

Die Sanierung der baufälligen **östlichen Altstadt** war schon zu DDR-Zeiten geplant. Hier sollten alte, schützenswerte Bauten so weit wie möglich erhalten werden. Die Baupläne sind im Detail überholt. Doch der behutsame Umgang mit Althergebrachtem ist geblieben und mehr denn je in diesen Straßen und Gassen sichtbar, die noch am ehesten an die Ursprünge der alten Hansestadt erinnern.

Die Mühlenstraße führt uns an der Grubenstraße zu einer modernen und äußerst gelungenen Nachahmung der **Viergelindenbrücke**, die hier einen Nebenarm der Warnow, die heutige Grubenstraße, überspannte. An dieser Stelle befand sich früher eine Wassermühle mit vier Mahlgängen, die »Viergrinden-Mühle«. Erkennbar ist noch die Lage des Zubringergleises der Eisenbahn vom alten Friedrich-Franz-Bahnhof zum Stadthafen. Bis Anfang der 1990er-Jahre fuhren hier die Güterzüge mitten durch die Stadt und zwangen den Verkehr zu einer Pause. In der Grubenstraße wurden im Jahre 2001 die Gleise entfernt, Gehwege und Fahrbahnen verbessert, sowie Parkplätze geschaffen. Zwischen beiden Fahrstreifen führt nun ein zwei Meter breiter Wasserlauf entlang.

Das **Kuhtor** oberhalb der Viergelindenbrücke ist das älteste Stadttor Mecklenburgs. Einst Haupttor der Stadt nach Süden, wurde es nach Fertigstellung des Steintores nur noch zum Viehaustreiben auf die Warnowwiesen benutzt und erhielt daher seinen Namen. Ab 1608 befand sich ein Gefängnis darin.

Zum Steintor führen von der Viergelindenbrücke gleich drei Wege. Der Schönste ist wohl der vom Kuhtor entlang der Stadtmauer. Dabei stößt man auf den **Lagebuschturm**, einen achteckigen Mauerturm im Stil der niederländischen Renaissance. Im Verließ des Turmes wurden 1491 die Anführer der so genannten Domfehde, der bedeutendsten Erhebung der Stadt Rostock gegen die herzögliche Vormacht im Mittelalter, gefangen gehalten. In drei Geschossen lagerten Geschütze. Östlich des Lagebuschturmes wurde ein Stück des hölzernen Wehrgangs wieder aufgebaut – diese wurden im Mittelalter immer dann errichtet, wenn der Stadt Gefahr drohte.

Ein weiterer Weg folgt dem früheren Handelsweg entlang der Großen Wasserstraße auf den Neuen Markt und von dort über die Steinstraße zum Steintor. Besonders sehenswert ist das Giebelhaus **Große Wasserstraße 30**. Im Giebel mit den sieben Spitzbogenblenden befinden sich an den Flanken kleine Zinnen. Beiderseits des Eingangs wurden Utluchten vorgebaut, die die Ladenfläche vergrößerten und Schaufenster ermöglichten. Der dritte Weg zum Steintor führt durch das Kuhtor zur Ernst-Barlach-Straße, vorbei an herrschaftlichen Villen des frühen 20. Jahrhunderts. Ihnen gegenüber – an der Stelle des jetzigen Druck- und Verlagshauses – befand sich das 1942 abge-

Das Kuhtor dient mittlerweile als Büro der Mediationsstelle Rostock

Der achteckige Lagebuschturm steht als einziger von ehemals sechs Wehrtürmen noch heute

brannte **Stadttheater**, ein Neorenaissancebau, der am 5. Oktober 1895 eingeweiht wurde. Der Verlust des prunkvollen Gebäudes schmerzt die Rostocker bis zum heutigen Tage.

Das **Steintor** ist das südliche Haupttor der Stadt. Das mittelalterliche Tor, erbaut im 13. und 14. Jahrhundert, enthielt ursprünglich Stuben für Wachen und Torschreiber, eine Zollbude, mehrere Geschützkammern und kleinere Gefängnisse. Da die Fürsten die Stadt zumeist von Süden betraten, wurde hier eine gepflasterte Straße – die Steinstraße – angelegt. Über sie konnten die Fürsten auf schnellem und vor allem sauberem Weg das Rathaus, die Fürstenherberge und die Marienkirche erreichen. Die einst gotische Architektur fiel dem Freiheitswillen der Rostocker Bürger zum Opfer. Die weigerten sich nämlich Mitte des 16. Jahrhunderts konsequent, dem mecklenburgischen Herzog den fälligen Huldigungseid zu leisten. Man wollte, wie die Hansestädte Bremen, Hamburg und Lübeck, auch reichsfrei sein. Nach langem Streit mit den Rostockern ließ Herzog Johann Albrecht 1566 schließlich Teile der Stadtmauer, darunter auch das Steintor und den Lagebuschturm, schleifen. Man unterschrieb den Erbvertrag und baute 1574–1577 ein neues Steintor – im seinerzeit modernen Stil der niederländischen Renaissance. Während des Zweiten Weltkrieges schwer beschädigt, war das Steintor das erste Baudenkmal, das nach dem Krieg in Rostock rekonstruiert wurde. Noch heute sind neben der Ausfahrt die Führungen für das Fallgitter zu erkennen. Stadtseitig sind im Portal das Secretsiegel, das Große Stadtsiegel und das Ratswappen abgebildet. Darunter ist die Inschrift »Sit intra te concordia et publica felicitas« (In deinen Mauern herrsche Eintracht und allgemeines Wohlergehen) zu lesen. Das Bildnis mit der Jahreszahl 1576 – bis zum Schleifen stand hier die Jahreszahl 1314 – erzählt die Sage von einem habgierigen Bürgermeister, der die Stadt an Belagerer verriet. Nach seiner Entlarvung schwebend hier gefangengehalten, erhielt er täglich nur ein kleines »Rundbrod« sowie ein wenig Wasser und siechte qualvoll dahin. Die Abbildung soll für jedermann eine Warnung sein.

Das Ständehaus mit dem danebenliegenden Steintor

Neben dem Steintor steht das wunderschöne **Ständehaus**. Hinter der neugotischen Fassade verbirgt sich das 1889–1893 nach Plänen des Hofbaumeisters Gotthilf Ludwig Möckel errichtete Gebäude der mecklenburgischen Landstände (Ritterschaft, Klerus und Städte). Der vom Historismus bestimmte

Bau fand nicht nur Zustimmung unter den Rostockern, da befürchtet wurde, dass seine optische Dominanz die Wirkung des Steintores schmälern würde. Die vier Bronzestatuen an der Vorderseite stellen Herzöge dar, die für das Land in mehrfacher Hinsicht von Bedeutung waren (v.l.n.r.): Johann Albrecht, Herzog von Mecklenburg-Schwerin im 16. Jahrhundert. Er veranlasste den Bau des ersten Schweriner Schlosses und in Rostock den Abriss von Steintor und Stadtmauer. Mithilfe dänischer Kriegszüge zwang er 1573 den Rostocker Rat zur Anerkennung des Erbvertrages und damit der Oberhoheit der Herzöge über die Stadt; Friedrich Franz (Großherzog von 1842–1883), zu dessen Lebzeiten der Bau des Ständehauses als prunkvolles Repräsentationsgebäude der Landstände in Auftrag gegeben wurde; Georg von Mecklenburg-Strelitz (Großherzog von 1816–1860) und Christian Ludwig (Herzog von 1747–1756), der 1755 den landesgrundgesetzlichen Erbvergleich abschloss und damit die jahrhundertealten Querelen zwischen dem ritterschaftlichen Adel und den Herzögen beendete.

Im Innern gelangt man durch das glasüberdachte Treppenhaus, den so genannten Lichthof, zu den eindrucksvollen, holzgetäfelten Sitzungszimmern und einem großen Festsaal. Die prunkvolle Pracht spiegelt den Glanz der Gründerzeit wider. 1918–1945 diente das Ständehaus verschiedenen städtischen und Landesbehörden. 1955 wurde das im Krieg völlig unbeschädigte Gebäude Haus der Nationalen Volksarmee – jetzt, da die Landesregierung nicht in Rostock angesiedelt wurde, hat das Oberlandesgericht hier seinen Sitz.

Zum Abschluss des Rundgangs können Sie sich in dem dem Ständehaus gegen-

Die Fassade des Ständehauses

Die Schauwand des Ständehauses zeugt von meisterlicher Handwerkskunst. Hoch über dem Eingangsportal befinden sich vier von den Berliner Bildhauern Ludwig Brunow und Oscar Rassau angefertigte überlebensgroße Bronzestatuen. Das Bild zeigt die Großherzöge Friedrich Franz II. von Mecklenburg-Schwerin (links) und Georg von Mecklenburg-Strelitz (rechts). Das Wappen zwischen den beiden Statuen trägt das Motto »per aspera ad astra«, dessen wörtliche Übersetzung »Durch das Rauhe zu den Sternen« sinngemäß mit der deutschen Redewendung »Ohne Fleiß kein Preis« vergleichbar ist.

überliegenden **Rosengarten**, der 1857 auf dem Gelände der abgetragenen Wälle entstand, erholen, oder über die Steinstraße zurück zum Neuen Markt gehen. Auf der Steintorseite des Rosengartens ist übrigens auch die sogenannte Friedenseiche zu finden. Die alte Stieleiche wurde im Jahre 1871 aus Anlass des Friedensvertrages von Versailles gepflanzt.

An die jüngste Rostocker Geschichte erinnert ein anderer großer Gebäudekomplex an der August-Bebel-Straße: Dort befand sich bis 1990 die **Stasi-Bezirksverwaltung Rostock**. Heute ist das Gebäude Sitz verschiedener Justizbehörden; im ehemaligen Gefängnis wurde eine **Dokumentations- und Gedenkstätte** eingerichtet. Hier wird eine Ausstellung zur Geschichte, Struktur und Wirkungsweise des Ministeriums für Staatssicherheit und speziell zur Untersuchungshaftanstalt in Rostock gezeigt. Führungen durch die Ausstellungen und den ehemaligen Gefängnistrakt sowie Informationsveranstaltungen sind möglich.

Forschungs- und Dokumentationsstelle des Landes zur Geschichte der Diktaturen in Deutschland
Hermannstr. 34 B (Eingang gegenüber Supermarkt) (18055), Tel.: 0381-4985651; März–Okt. Di–Fr 10–18 Uhr Sa 10–17 Uhr, Nov.–Feb. Di–Fr 9–17 Uhr Sa 10–17 Uhr

Die Vorstädte

Steintorvorstadt

Im Zuge der Industrialisierung wuchs Rostock Mitte des 19. Jahrhunderts über seine historischen Begrenzungen hinaus. Zunächst südlich und westlich des historischen Zentrums entwickelten sich vor dem Steintor und vor dem Kröpeliner

Über die Warnow erreicht man von Süden die Hansestadt. Der Fluss markiert die Grenze zwischen der Steintorvorstadt und der Siedlung Brinckmansdorf

Tor neue StadtvierTel.: Das Villenviertel der **Steintor-Vorstadt** bot den wohlhabendsten Kaufleuten und Manufakturbesitzern die Möglichkeit, großzügiger als in der bisherigen historischen Enge des Stadtkerns zu leben. Besonders schöne Villen entstanden entlang der Stephanstraße und um den Schillerplatz. Auch repräsentative Gesellschaftsbauten prägten das Bild des neu enstandenen Stadtviertels. 1857 wurde das Gesellschaftshaus der Rostocker Bürgervereinigung »Societät« erbaut, das für einige Jahrzehnte das **Schifffahrtsmuseum** beherbergte. Auf der gegenüberliegenden Seite, dort wo sich jetzt der in den 1960er-Jahren erstellte Komplex der Ostsee-Zeitung befindet, stand von 1885–1942 das **Stadttheater** – ein wunderschöner Kuppelbau im Neobarockstil. Leider wurde er durch Bombenangriffe im Zweiten Weltkrieg zerstört und die Ruine nach dem Krieg abgerissen. Dem hinter dem Ostsee-Zeitungs-Gebäude gelegenen Friedrich-Franz-Bahnhof machte der etwas außerhalb an der Bahnstrecke zwischen Neustrelitz und Warnemünde entstandene Lloyd-Bahnhof Konkurrenz. Dieser avancierte alsbald zum Central-, später zum **Hauptbahnhof** und war ab 1886 durch Pferdebahnen mit der Stadt verbunden. Die ersten elektrisch betriebenen Straßenbahnen verkehrten ab 1904 von hier bis zum Tannenweg. Seit 2003 empfängt Rostock Besucherinnen und Besucher mit einem hoch modernen Hauptbahnhof. Die Straßenbahnen unterqueren jetzt die Eisenbahngleise durch ein 350 Meter langen Tunnel. Der Bahnhofsvorbau ist ebenso wie die gegenüberliegende Villa vom Architekten Karl Korff mit reichen Jugendstilelementen geschmückt worden. Vom Bahnhofsvorplatz aus ist der östlich gelegene neogotische **Wasserturm**, der von 1903–1959 in Betrieb war, zu sehen. Nach einer gründlichen Sanierung sind nun auf sieben Etagen unterschiedliche Nutzer ansässig. Zu erwähnen ist auch noch das am Goetheplatz gelegene Gymnasium, ein 1927/30 im Bauhausstil errichtetes **Lyzeum**. Die Flachdachkonstruktion war zeitweise stilverfälschend durch ein Steildach ersetzt.

Der Wasserturm von 1903 mit seinen sieben kupfergedeckten Türmen

Brinckmansdorf

Östlich der Steintor-Vorstadt liegt – von dieser durch die Warnow getrennt – an der B 110 die ab Anfang der 1920er-Jahre gebaute und sich jetzt vergrößernde Siedlung **Brinckmansdorf**. Nicht nur der Name der Siedlung geht auf den in Rostock geborenen Mundartdichter John Brinckman zurück, sondern auch viele Straßen erhielten Namen nach den Figuren und Bezeichnungen aus seinen Werken »Kaspar Ohm un ick«, »Vagel Grip«, »Voß un Swinegel« und vielen anderen im Norden beliebten Literaturstücken. Markanter Blickfang im neuen Teil Brinckmansdorfs sind elf hochmoderne, mit Dachsonnenkollektoren ausgerüstete Häuser.

Kröpeliner-Tor-Vorstadt

Im Zuge der Industrialisierung und mit der Zunahme der Stadtbevölkerung entstand um die Jahrhundertwende, also fast zeitgleich mit der Steintor-Vorstadt, die **Kröpeliner-Tor-Vorstadt.** Besonders für die Arbeiter der im Stadthafen aber auch in westlicher Richtung ge-

John Brinckman

Mitte des 19. Jahrhunderts begann der 1814 geborene Johann Brinckman, Spross einer Rostocker Kapitänsfamilie, in niederdeutscher Sprache zu schreiben. Dabei standen Schilderungen einer unbeschwerten Kindheit im Rostock des frühen 19. Jahrhunderts im Vordergrund seiner Werke. Am bekanntesten ist seine Titelfigur »Kaspar Ohm«, ein alter Kapitän, der sich noch nicht zum alten Eisen zählen lassen will.

An den Schriftsteller erinnern heute neben dem Brinckman-Brunnen auch die Plastik »Kaspar Ohm up dem Voßwallach« in der Badstüberstraße.

Schon während seines Jurastudiums engagierte sich Brinckman in der demokratischen Bewegung und wurde wegen seiner politischen Verbindungen 1839 angeklagt. Er floh noch im selben Jahr nach Amerika, wie viele andere im Vorfeld der Revolution 1848, wo er als Journalist und Übersetzer arbeitete. Er gehört damit auch zu den tausenden Mecklenburgern, die im 19. Jahrhundert ihre Heimat aufgrund der verheerenden sozialen Missstände und politischen Rückständigkeit verließen. 1842 kehrte Brinckman nach Mecklenburg zurück, war als Hauslehrer bei verschiedenen Adelsfamilien angestellt, bis er 1849 eine Anstellung am Güstrower Realgymnasium erhielt.

Mit seinen plattdeutschen Erzählungen und Gedichten, die auch die sozialen Missstände in Mecklenburg realistisch schildern, steht er an der Seite von Fritz Reuter und Klaus Groth. John Brinckman starb 1870 in Güstrow.

legenen Werften entstanden in rasantem Tempo Mietskasernen, Kastenhäuser und einige schöne Jugendstilhäuser, aber auch Kirchen, repräsentative Universitätsbauten, Industriebetriebe und eine große Anzahl unterschiedlichster Geschäfte. Obwohl nur wenige Straßenzüge in den 1970er-Jahren ausgebessert wurden und die Mehrzahl der Häuser verfiel, gehört seit den Sanierungen nach der Wende die »KTV« zu den lebendigsten und buntesten Stadtteilen Rostocks. Den Erfolg schon durchgeführter Sanierungsmaßnahmen kann man am besten am Beispiel des Doberaner Platzes und der angrenzenden Straßenzüge entdecken. Viele kleine Geschäfte und Läden, Kneipen, Banken und Institutionen haben hier einen neuen geschäftigen Anziehungspunkt entstehen lassen. Vom Doberaner Platz stadtauswärts gelangt man durch die **Doberaner Straße** auf den »Doberaner Berg«, einen der höchsten Punkte der Stadt. Früher standen hier Mühlen – daran erinnern noch die Namen der Lohmühlen- und der Windmühlenstraße. Vor der Jahrhundertwende errichtete man hier auch drei Universitätsfachkliniken.

Die Augenklinik wurde 1991 von Grund auf renoviert. Bei genauer Betrachtung sind Spuren einstiger Blütezeiten dieses 100-jährigen Gebäudes zu erkennen: das schöne schmiedeeiserne Geländer, die große Standuhr im Treppenhaus und das blaue Glas in den Flurfenstern.

Auf der gegenüberliegenden Seite befinden sich die Backsteingebäude der **Hanseatischen Brauerei Rostock**. Der von der Brauerei Mahn & Ohlerich stammende Malzgeruch lag früher oft über der Arbeitervorstadt. Ein Stück weiter passiert man rechter Hand das »Große Haus« des **Volkstheaters Rostock**. Es ist in der ehemaligen »Philharmonie« untergebracht, einem Saalbau der Rostocker Gewerkschaften, in dem während der

Die Rostocker Brauerei gehört als Marke und Symbol zum Bild der Hansestadt

ROSTOCKER
SEIT 1878

Novemberrevolution 1918 und des so genannten »Kapp-Putsches« 1920 die Arbeiter- und Soldatenräte ihren Sitz hatten. 1942 wurde es als Ersatz für das durch Bombenangriffe zerstörte Stadttheater umgebaut, später modernisiert und ausgebaut. Anfang 2001, als man in der Stadt aufgrund von Einsparungsmaßnahmen die Schließung des Volkstheaters oder einzelner Sparten diskutierte, ging ein Sturm der Entrüstung durch die Bevölkerung. In kurzer Zeit kamen etwa 67.000 Unterschriften gegen die Schließung zusammen. Der Beschluss konnte aufgehalten und die Schließung auf diese Weise bisher verhindert werden.

Am Ende der Doberaner Straße erstreckt sich das Gelände der 1890 gegründeten traditionsreichen **Schiffswerft Neptun**.

Durch Fusionen wurde der Betrieb zur »Schiffswerft Neptun AG« und beschäftigte nach der Jahrhundertwende 1400–2000 Menschen. Er wurde Mecklenburgs größtes Industrieunternehmen und gleichzeitig auch Zentrum der Arbeiterbewegung des Landes. Streiks und Widerstandsbewegungen nahmen von dieser Werft ihren Anfang.

Die »Gedenkstätte revolutionärer Matrosen«, ein Denkmal zur Erinnerung an die Matrosenaufstände der Novemberrevolution 1918

Das heutige Gelände der traditionsreichen Neptunwerft in Warnemünde

Von der Doberaner Straße führt die Straße **Am Kabutzenhof** zur Schiffsanlegestelle gleichen Namens. Von hier starten die Fähren zum gegenüberliegenden Stadtteil Gehlsdorf. Links von der Fähranlegestelle überragt eine neun Meter hohe Monumentalplastik im Stil des sozialistischen Realismus den Platz. Sie erinnert als »Gedenkstätte für die revolutionären Matrosen« an den Matrosenaufstand von 1917.

In den 1920er-Jahren entwickelte sich in Rostock die Luftfahrt und mit ihr auch die Stadt. Durch die Aufrüstungspolitik der Nationalsozialisten begünstigt, wurde Rostock in den 30er-Jahren zu einem der wichtigsten Standorte der **Rüstungsindustrie**, der sich ziemlich schnell, mit 100.000 Einwohnern im Jahre 1935, zur Großstadt entwickelte. Die Ernst-Heinkel-Flugzeugwerke, die Flugzeugfabriken Arado und Bachmann

Schiffbau in Rostock

Stolze Segelschiffe wurden schon seit dem Mittelalter in Rostock gebaut. Die alte Kogge ist bis heute das Emblem des Fußballvereins FC Hansa Rostock. Im 19. Jahrhundert war die mit bis zu 378 Schiffen größte städtische Segelschiffflotte an der Ostsee in Rostock beheimatet. Mit der »Großherzog Friedrich Franz« wurde 1851 der erste seegehende eiserne Schraubendampfer Deutschlands auf der Werft Tischbein & Seltz zu Wasser gelassen. 1890 wurde mit der Neptun Schiffswerft und Maschinenfabrik der erste Industrie-Großbetrieb Mecklenburgs gegründet. Als kriegswichtiger Produktionsstandort wurde die Werft im Zweiten Weltkrieg Ziel alliierter Luftangriffe. Nach dem Wiederaufbau war die Neptun-Werft sieben Jahre lang in sowjetischem Besitz, bis sie 1952 an die DDR übergeben wurde. Der Schiffsneubau begann 1949 mit dem Bau von russischen Loggern, denen große Serien von Fracht-, Forschungs-, Passagier- und anderen Schiffen folgten. Aufgrund der wirtschaftlichen Neuordnung der Neptun Industrie Rostock GmbH befinden sich die Niederlassungen des Unternehmens heute in Warnemünde. Der alte Standort der traditionsreichen Werft an der Lübecker Straße wurde sukzessive aufgegeben. Neben dem Areal der nach dem Zweiten Weltkrieg gegründeten Warnow-Werft in Warnemünde haben sich heute auch die Neptunwerft und das Caterpillar-Dieselmotorenwerk angesiedelt. Auftragslage und Arbeitsschwerpunkt der Werften haben sich grundlegend geändert. Vorbei sind die Zeiten, da auf Rostocker Hellingen Schiffe in Großserien produziert wurden. Und auch klassisches Stapelläufe gehören der Vergangenheit an. Die Schiffskörper werden heute im Trockendock gebaut, das anschließend geflutet wird.

boten Arbeitsplätze für tausende Menschen. Die Stadt explodierte förmlich. Mit dem Hansa- und dem Komponistenviertel, (Alt-) Reutershagen und (Alt-) Dierkow entstanden ganze Stadtgebiete westlich der Warnow – sozusagen »auf der grünen Wiese«.

Beeindruckende Zeugnisse der Architektur der 1920er- und 30er-Jahre sind in der Parkstraße, in der Dethardingstraße und im **Hansaviertel** zu sehen. Der klare Gestaltungswille wurde im Sinne des Bauhausstils sehr funktional umgesetzt. Diese an den Botanischen Garten und das Ostseestadion angrenzende Wohngegend ist durchaus einen Spaziergang wert.

Die Folgen der massiven Ansiedlung von Rüstungsunternehmen bekam Rostock ab 1942 zu spüren. Bomber der Royal Air Force bombardierten die Seestadt als eine der ersten Städte in Deutschland. Auch ohne Radar konnten sich die englischen Flieger leicht anhand der Küstenlinie orientieren. Die letzte noch übrig gebliebene Flugzeugbauhalle ist die heutige Sporthalle Marienehe. Den Abriss der ehemaligen Werftgebäude für den Flugzeugbau zwischen Lübecker und Werftstraße hat nur eine rote Backsteinwand – auch **Heinkel-Wand** genannt – überlebt. Die Zukunft der Wand ist ungewiss, aber noch erinnert sie alle Vorbeifahrenden an einen Teil der jüngeren Geschichte Rostocks, der zu DDR-Zeiten fast in Vergessenheit geraten war.

Nach dem Zweiten Weltkrieg besannen sich die politisch Verantwortlichen der Stadt und des neu gegründeten Staates DDR auf den Schiffbau. Zunächst, als Betrieb der Sowjetisch-Deutschen Aktiengesellschaft, entwickelte sich die Neptun-Werft wieder zu einem bedeutenden Schiffbau- und Reparaturbetrieb. Mit der Warnow-Werft entstand in Warnemünde eine zweite Großwerft. Beide Betriebe beschäftigten jeweils bis zu 7000 Menschen und bauten Schiffe vorwiegend für die DDR und für die Sowjetunion. Für die Warnow-Werft begann nach der

Die Warnow-Werft, heute teil der Nordic Yards Unternehmensgruppe

Wende ein neues Kapitel unter Regie des norwegischen Kvaerner-Konzerns. Nach mehreren Eigentümerwechseln gehört die Werft seit 2009 zu der russisch dominierten Nordic Yards Unternehmensgruppe. Die Neptun-Werft kam zum Bremer Vulkan-Verbund und firmierte als Neptun Industrie Rostock GmbH. 1997 erfolgte die Übernahme durch die Papenburger Meyer-Werft, für die Neptun Industrie begann ein neuer Abschnitt. Mit ihren modernen Fertigungseinrichtungen haben sich die Neptun Stahlbau GmbH und Neptun Reparaturwerft GmbH erfolgreich in den Segmenten Stahlbau und Schiffsreparatur etabliert. Seit dem Jahr 2000 werden auch Binnenflusskreuzfahrtschiffe am neuen Firmensitz in Warnemünde gebaut.

Die Neubauviertel der Nachkriegszeit

Im Jahre 1952 wurde Rostock Bezirkshauptstadt des nördlichsten Bezirkes der DDR. Im Westen an die Bundesrepublik grenzend, im Osten an die Volksrepublik Polen, gehörte die gesamte Küstenlinie der DDR zum aus Rostock verwalteten Gebiet. Die Partei- und Staatsführung beschloss, mit dem **Überseehafen** einen neuen Hafen für die DDR zu bauen, um die Devisen zu sparen, die für die Hafennutzung in Westhäfen anfielen. Überall in der Republik wurden Steine zum Aufbau des Hafens und der Molen gesammelt. Im Mai 1960 machte das erste Schiff am Kai in Rostock-Petersdorf fest. Rostock wurde somit Tor zur Welt für die DDR und für die südlichen Binnenländer des Ostblocks, so dass auch zu dieser Zeit Schifffahrt, Schiffbau und Hochseefischerei das wirtschaftliche Leben der Stadt bestimmten. Arbeitskräfte aus der ganzen Republik wurden gebraucht. Und die Stadt expandierte zum zweiten Mal in diesem Jahrhundert. In den nach dem Krieg entstandenen Neubauvierteln wohnt mittlerweile mehr als die Hälfte der Rostocker Einwohner.

In der folgenden Zeit entstand etwa alle vier Jahre ein neuer Stadtteil für etwa 20.000 Einwohner. **Reutershagen** wurde in zwei Schritten erweitert. Große, protzige Stalin-Neubauten entstanden vor allem um die Ernst-Thälmann-Straße. Die übliche Stein-auf-Stein-Methode konnte nicht das notwendige Tempo bieten, schon beim Bau von Reutershagen II wurde mit Beton-Großplatten experimentiert. Die **Südstadt,** südlich des Hauptbahnhofs gelegen, ist der erste, vollständig in Plattenbauweise errichtete Stadtteil mit Fernwärmeversorgung, der Anfang der 1960er-Jahre fertig gestellt wurde. Seine großzügige Bauweise und die gelungene Begrünung machen ihn heute zum wohl beliebtesten Rostocker Neubauviertel der Nachkriegszeit. Auf der Entbindungsstation des Südstadt-Krankenhauses erblickte im Jahr 1971 der 200.000. Rostocker das Licht der Welt.

Auf die Nähe zur Stadt muss bei den zwischen Mitte der 1960er- und Mitte der 80er-Jahre erbauten Stadtteilen im Nordwesten allerdings verzichtet werden. Südlich von Warnemünde, wo es zuvor nur Wiesen und kleine, verträumte Dörfer gab, entstanden in fünf Stadtteilen Wohnungen für bis zu 100.000 Rostocker.

In **Lütten Klein** wachsen die Häuserblocks noch streng geometrisch angeordnet empor, aber die Tristesse der Block-an-Block-Bauweise wird heute

Kompakter Etagenbau bot genügend Wohnraum für die schnell wachsende Stadt

durch viel Grün und eine fast abgeschlossene Rekonstruktion des Stadtteils ausgeglichen. Der größte Stadtteil im Nordwesten ist mehr als nur geografischer Mittelpunkt der Großstadt geworden. Mit der Zentrumsbebauung der vergangenen Jahre auf an der Warnowallee freigehaltenen Flächen ist wieder Leben in den Stadtteil gezogen. Zu DDR-Zeiten gab es hier wie in allen anderen Neubaustadtteilen neben den Wohnhäusern, Kindergärten und Schulen nur noch Kaufhallen und SERO- (Sekundärrohstoff-) Annahmestellen.

Im Anfang der 1970er-Jahre erbauten Stadtteil **Evershagen** hatte man begonnen, die Häuserblocks durcheinander zu würfeln. Mehrere Häusertypen – im DDR-Jargon Wohnbauserien genannt – treffen hier aufeinander. Im Neubaustadtteil **Lichtenhagen** wurde dann aus der Not eine Tugend gemacht – hinter den gleichförmigen Häuserwänden verbergen sich unterschiedlich geschnittene Wohnungen. Die Gleichförmigkeit der Fassaden wird durch den Einsatz von Klinkern und zaghafter »Kunst am Bau« wie den Hochhaus-Giebeln gemildert. In dem ehemaligen Vorzeigestadtteil Lichtenhagen baute man sogar eine kleine Fußgängerzone. Neben dem Versuch der »sozialen Mischung« (hier lebten Werftarbeiter und auch viele Künstler) genießt man die Nähe zur Ostsee. Das westlich gelegene gleichnamige Dorf mit seinen reetgedeckten Häusern und der alten Dorfkirche steht heute als Ganzes unter Denkmalschutz – und bildet einen angenehmen Kontrast zur Urbanität der Hochhäuser. Die ausländerfeindlichen Pogrome an der Zentralen Asyl-Aufnahmestelle im Hochhaus an der Mecklenburger Allee machten den Stadtteil im August 1992 in aller Welt bekannt. Intoleranz und Ausländerfeindlichkeit fanden hier kurze Zeit nach der Wende einen Nährboden, als einige hundert gewalttätige Jugendliche die zentrale Aufnahmestelle für Asylbewerber und das von vietnamesischen Gastarbeitern bewohnte »Sonnenblumenhaus« angriffen.

Schmarl, der kleinste Stadtteil im Nordwesten, hat durch das Areal der IGA und der Hansemesse an Attraktivität gewonnen. Aus der Luft ist Schmarl durch die markanten Rundungen der Häuserschlangen zu erkennen. In **Groß Klein** dagegen sind stumpfe Winkel kennzeichnendes Merkmal der Bebauung. Die Namen aller Stadtteile stammen von Dörfern, die im Laufe des 20. Jahrhunderts eingemeindet wurden. Reste dieser früher zwischen den Feldern gelegenen Dörfer sind noch heute zu finden. Die Namen von Lütten Klein und Groß Klein stammen vom slawischen Wort Klenow, was soviel wie Ahornort bedeutet. Zur besseren Unterscheidung der Dorfteile mit deutscher und slawischer Besiedlung im Mittelalter wurden die deutschen Dörfer durch das Vorwort Groß ergänzt, die slawischen durch das niederdeutsche Wort für Klein, Lütt. Groß Klein ist also der deutsche Ahornort, Lütten Klein der slawische.

In den 1980er-Jahren wurde der »komplexe Wohnungsbau« dann im Rostocker Nordosten, auf der anderen Seite der Warnow, fortgesetzt. Die Vorstädte **Dierkow** und später **Toitenwinkel** wurden zum Zuhause für etwa 40.000 Rostocker. Beide Stadtteile liegen näher am Stadtzentrum, teilweise mit schönen Blickbeziehungen über die Warnow, und sind schnell mit der Straßenbahn zu erreichen. Vergeblich aber sucht man hier nach dem Versuch individueller Gestaltung, die in den nordwestlichen Vorbild-Wohnvierteln der DDR zu finden sind. In Dierkow wurden sogar kurzfristig vor feierlichen Schlüsselübergaben Bäume zur Verschönerung der neuen Straßen gepflanzt – und nach dem offiziellen Akt wieder ausgebuddelt – das war bereits ein Vorzeichen der drohenden Pleite der DDR. **Gehlsdorf** dagegen ist die Ergänzung durch einen Beton-Neubaustadtteil erspart geblieben.

Der Yachthafen von Gehlsdorf, im Hintergrund sind die charakteristischen Türme der Petrikirche und Marienkirche zu erkennen

Ausflüge in die Umgebung

Wer sich mehrere Tage in Rostock aufhält, der sollte unbedingt die Möglichkeit nutzen, die landschaftlichen Reize und historischen Sehenswürdigkeiten rund um die Stadt kennen zu lernen. Nicht nur die herrliche Küstenlandschaft, sondern auch das mecklenburgische Hinterland laden den Besucher zu Ausflügen ein. Mit dem Auto, mit öffentlichen Verkehrsmitteln, mit Fahrrädern oder zu Fuß lassen sich viele dieser Ausflugsziele ohne Schwierigkeiten erkunden.

Rostocker Heide

Schon 1252 kauften die Rostocker das fast 6000 ha große Waldgebiet im Osten der Stadt, dass sie bis heute zu einem der größten kommunalen Waldbesitzer in Deutschland gemacht hat. Im 18. Jahrhundert wurde mit der planmäßigen Bewirtschaftung des Mischwaldes begonnen. Seit 1994 wurden weiträumige Flächen des in diesem Jahrhundert teilweise auch militärisch genutzten Waldes wiederaufgeforstet. 1996 wurde die gesamte Rostocker Heide zum Landschaftsschutzgebiet erklärt. Neben dem **Forst- und Köhlerhof in Wiethagen** locken Ausflugsziele wie der Schnatermann, Markgrafenheide und Rosenort und laden zu ausgedehnten Spaziergängen durch die Rostocker Heide ein.

Forst- und Köhlerhof Wiethagen

Dorfstr. 13 (18182), Tel.: 038202-2035, www.koehlerhof-wiethagen.de; April–Sept. Di–Fr 9–17 Uhr Sa/So 10–17 Uhr, Okt.–Mitte Dez. Di–Fr 9–16 Uhr So 10–16 Uhr

In der Rostocker Heide

»Nein, wie eilig flogen die Ferientage dahin. Kaum waren wir erst so recht aufgestanden, so mußten wir schon wieder ins Bett! Nun wurden schon die Blaubeeren reif. Aus dem Wald kamen wir mit schwarzen Mündern heim und mit Flecken in unsern weißen oder weißblau gestreiften Sommerblusen, über die Mutter schalt. Und dann gab es nach ein paar Regentagen Pilze über Pilze. Überall drängte dies stämmige Geschlecht aus dem Waldboden, und Vater lehrt uns, die nützlichen von den Schädlingen zu unterscheiden.

Diese endlosen Jagden nach Pilzen, immer tiefer in das Herz des Waldes hinein, ohne Weg und Steg! Wenn man dann einen Augenblick stille stand, vom vielen Bücken sauste das Blut noch in den Ohren, aber man meinte das Sausen draußen zu hören, die Waldesstimme selbst, als sängen Sommer und Wald gemeinsam ein großes feierliches Lied zu Ehren der Schöpfung, und jede Mücke stimmte mit ihrem Sirr-Sirr darin ein!

Und das Glück, diese Entdeckerfreude, wenn man plötzlich, nach langem vergeblichen Umherstreifen, den Waldboden vor sich gelb werden sah von den Kolonien der Pfifferlinge (…)«

(Hans Fallada)

Von Warnemünde ist es ebenfalls nicht weit zur besonders schön ausgeprägten Kliffküste beim Naturschutzgebiet »Nienhagener Holz«. Bei einem Spaziergang durch den »Gespensterwald« kann man über die bizarren und ungewöhnlich gewachsenen Bäume staunen. Man kommt über Elmenhorst weiter nach Diedrichshagen und erreicht, wenn man sich links hält, bei Geinitzort einen Parkplatz. Hier bildet das Kliff mit 18 Meter nicht nur seinen höchsten Punkt, sondern erstreckt sich auch am weitesten in die See. Dies eröffnet bei klarem Wetter hervorragende Ausblicke auf Nienhagen und Heiligendamm sowie auf das in östlicher Richtung liegende Naturschutzgebiet »Stolteraa« bis nach Warnemünde. Es ist auch möglich, die ganze Strecke auf einem Wanderweg entlang der Küste bis Warnemünde zu Fuß zurückzulegen. Hier verläuft auch der »Astronomische Lehrpfad«. Ein weiterer Lehrpfad »Ostseeküstensaum Warnemünde« wurde zwischen der Warnemünder Westmole und der Stoltera am Geinitzort eingerichtet.

Informationen gibt's bei:
Institut Bodenkunde u. Pflanzenernährung der Uni Rostock, H. Kretschmer, Strempelstr. 8, hrkretschmer@web.de

Bad Doberan und Heiligendamm

Nur 15 Kilometer westlich von Rostock befindet sich, umgeben von viel Wald, die kleine ehemalgie Kreisstadt Bad Doberan. 1171 wurde in Althof das erste Kloster Mecklenburgs errichtet, das aber schon wenige Jahre später während eines Slawenaufstandes zerstört wurde. Im Jahre 1186 wurde, diesmal in Doberan, zum zweiten Mal ein Kloster gegründet.

Das Doberaner Münster im 19. Jahrhundert

Auf Pfählen und Feldsteinen errichtet, entstand eine romanische Kirche, die 1232 geweiht wurde. Im Jahre 1291 von einem Feuer schwer beschädigt wurde sie bald darauf wieder abgebrochen. Zwischen 1294 und 1368 entstand das heutige **Münster**. Seine Größe, 76 Meter lang und bis zu 26 Meter hoch, entsprach der großen Bedeutung des Klosters für den gesamten norddeutschen Raum. Die Klosterkirche wurde nach dem Vorbild der Lübecker Marienkirche als gotische Basilika errichtet und gilt heute als eines der bedeutendsten Bauwerke norddeutscher Backsteinarchitektur. Die Bauregeln der Zisterzienser waren streng. Anstelle eines Turmes durfte nur ein Dachreiter die Kirche zieren, die ansonsten durch Geradlinigkeit und Festigkeit der Architektur gekennzeichnet ist. Macht und Reichtum zeigen sich in der großzügigen Ausstattung – Der Hochaltar (1310), das Mönchsgestühl, das aus Eichenholz geschnitzte Sakramentshaus (1370) und der Lettner-Altar sind Zeugnisse dafür. Der älteste Schmuck der Kirche ist der Marienleuchter von 1290. Als eine der wenigen Kirchen Norddeutschlands besitzt das Doberaner Münster noch mittelalterliches Chorgestühl mit reicher

Darstellung des Großherzoglichen Palais in Bad Doberan aus dem 19. Jahrhundert

Schnitzerei über den Stühlen und an den Wangen. Schließlich sind noch zahlreiche Kunstwerke aus der Spätgotik, der Frührenaissance und Grabmonumente aus der Barockzeit zu sehen. Hier steht auch die älteste, noch läutende Glocke der Region im Dienst. Die Reformation in Mecklenburg (1549) führte zur Aufhebung des Klosters im Jahre 1552 – dabei blieb die Kirche Begräbnisstätte vieler mecklenburgischen Herzöge. Nicht zuletzt dadurch lässt sich der gute Erhaltungszustand des Sakralbaus erklären.

Mit dem Niedergang des Klosters, das 400 Jahre lang das wirtschaftliche und politische Leben der Umgebung dominiert hatte, wurde auch Doberan selbst ein unbedeutender Marktflecken. Erst als Großherzog Friedrich Franz I. Doberan im Jahre 1793 zu seiner Sommerresidenz erkor, kam wieder Leben in den Ort. Das Klostergelände wurde zum englischen Garten umgestaltet. Der Baumeister Carl Theodor Severin war bis 1836 für die städtebaulichen Maßnahmen in Doberan und Heiligendamm verantwortlich. Unter seiner Regie entstanden die klassizistischen Gebäude rund um den Kamp: das **Großherzogliche Palais** und das **Salongebäude,** der Weisse und der Rote **Pavillon**. Das spätbarocke **Logierhaus** im Fachwerkstil, heute Romantik Kurhotel, wurde bereits 1796 genutzt. Seit 1826 Moorbad, erhielt Doberan 1879 das Stadtrecht und 1921 den Titel »Bad«. Die Geschichte Bad Doberans und die Entwicklung des Badelebens in Heiligendamm sind im **Stadtmuseum »Möckelhaus«,** Beethovenstraße 8, dargestellt.

Für Literaturfreunde hält das **Ehm Welk-Haus** Interessantes bereit und Verliebte können sich hier auch das Ja-Wort geben.

Ehm Welk-Haus

Dammchaussee 23 (18209), Tel.: 038203-62325; Di u. Do 13–15 Uhr

Eine kleine Eisenbahn, **»Molli«** genannt, schnauft bimmelnd durch die Straßen Bad Doberans. An einigen Stellen ist zwischen Molli und den Häuserwänden nicht einmal ein Meter Platz. Die denkmalgeschützte Schmalspurbahn verbindet Doberan seit 1886 mit Heiligendamm, 1910 wurde die Strecke bis Arendsee (heute Kühlungsborn West) verlängert. Auch der Großherzog nutze die kleine Eisenbahn und demonstrierte damit Offenheit gegenüber technischen Neuerungen. Noch heute fahren die Züge auf der eingleisigen Strecke – nur am Bahnhof Heiligendamm können sich die Züge begegnen – selten mehr als 35 km/h. Für die 15,4 Kilometer lange Strecke benötigen sie 45 Minuten Fahrzeit.

Mecklenburgische Bäderbahn Molli GmbH

Am Bahnhof (18209), Tel.: 038293-431331, www.molli-bahn.de

Entlang einer beeindruckenden Lindenallee verlässt man die Kreisstadt auf dem Weg in den Ortsteil Heiligendamm. Die an der Straße liegende **Pferderennbahn** ist 1823 als erste auf dem europäischen Festland errichtet worden und wurde bald Anziehungspunkt für betuchte Gäste. Auch der russische Zar frönte hier 1828 seiner Rennleidenschaft. Die Tribünen boten Platz für 1200 Zuschauer. Die Haupt- und Nebengebäude blieben allerdings nicht erhalten. Die Renntage mit Turnieren wie dem »Herrenreiten« oder dem »Bauernrennen« waren zugleich große Volksfeste. Nach dem letzten großen Rennen 1953 – mit immerhin 15.000 Besuchern – fiel die Strecke in einen langen Dornröschenschlaf. Nur drei Lindenalleen, die ehemaligen Wagenauffahrten, blieben einsam stehen und gaben zufälligen Besuchern ein Rätsel auf. Erst 1993, zum 200-jährigen Bestehen von Heiligendamm, wurde die Galopprennbahn zu neuem Leben erweckt. Heute ist die jährlich ausgerichtete Doberaner Rennwoche wieder ein

Heiligendamm in einer historischen Ansicht

Das Grand Hotel Heiligendamm, berühmt geworden durch den G8-Gipfel 2007

fester Bestandteil des deutschen Pferderennsports.

Mit der Entscheidung Großherzogs Friedrich Franz I. für Bad Doberan als Sommersitz wurde der dazugehörige Stadtteil **Heiligendamm** 1793 zum ersten Seebad Deutschlands. Ein 220 Tonnen schwerer Granitblock erinnert an den Gründer. Der Ortsname entstand, als sich im Mittelalter durch eine tektonische Verschiebung der Steinwall vor eine Meeresausbuchtung schob. Die Sage berichtet, dass dies während einer Sturmnacht im 12. Jahrhundert geschehen sein soll und die Küstenbewohner somit gerettet waren. Der Konvent des Zisterzienserklosters soll ihn dankbar den »Heiligen Damm« genannt haben, »einen von Gott gefertigten Schutzwall vor ihrer Kirchen- und Klosteranlage«. Die zu einem Binnensee verlandete Bucht ist inzwischen weiter stark verlandet und als Vogelschutzgebiet (216 ha) ausgewiesen worden.

Die weißen Villen am Meer sind wesentlich für das typisch mondäne Flair der Seebads. An der Stelle des heutigen Hauses »Mecklenburg« wurde 1795/96 ein eingeschossiges Badehaus errichtet. Der herzogliche Leibarzt und Rostocker Medizinprofessor Samuel Gottlieb Vogel richtete hier das erste Sanatorium ein. Mit dem Kurhaus hinterließ 1814/16 auch Carl Theodor Severin seine Spuren im Seebad. »Heic te Laetitia invitat post balnea Sanum« (»Hier lädt dich Fröhlichkeit ein nach einem heilsamen Bade«) wurde zum Leitspruch für das Leben im Seebad. Die Kempinski-Gruppe ließ die Villen teilweise wieder in altem Glanz erstrahlen. Weltpolitik wurde hier während des G8-Gipfels im Juni 2007 in Szene gesetzt: Das gemeinsame Foto der acht Regierungschefs im Strandkorb vor dem Hotel ging um die Welt.

Tourist-Information Bad Doberan
Severinstr. 6 (18209), Tel.: 038203-62154, www.bad-boberan.de; Mitte Mai– Mitte Sept. Mo–Fr 9–18 Uhr Sa 10–15 Uhr, Mitte Sept.–Mitte Mai Mo, Di, Mi, Fr 9–16 Uhr Do 09–18 Uhr

In Kühlungsborn gibt's jede Menge Sand und Strand

Ostseebad Kühlungsborn

Von Bad Doberan aus erreicht man über Heiligendamm nach ca. 10 Kilometer das Ostseebad Kühlungsborn. Die Stadt entstand im Jahre 1938 durch die Vereinigung der Orte Fulgen, Brunshaupten und Arendsee.

Der Badebetrieb in den ehemaligen Dörfern begann um 1850 zunächst in Fulgen. In den darauf folgenden Jahren entstanden in allen drei Orten zahlreiche Villen, Pensionsgebäude und Hotels. Heute ist Kühlungsborn ein beliebter Urlaubs- und Naherholungsort. Die Ortsteile Ost und West sind durch einen 130 ha großen Stadtwald miteinander verbunden. Der Strand bietet mit seiner über vier Kilometer langen Promenade eine reizvolle Kulisse. Auch zwei Konzertgärten (Ost und West) und das herrliche Waldgelände an der wenige Kilometer entfernten Kühlung laden zum Bummeln, Spazierengehen und Wandern ein. Flanieren lässt sich auf der neu gestalteten Ostseeallee.

Kulturell wird in Mecklenburgs größtem Ostseebad viel geboten: Neben traditionellen Kurkonzerten sowie klassischen und modernen Musikveranstal-

Sonnige Entspannung am Strand:
Bäderimpressionen aus Kühlungsborn

Auch an der Ostseeallee in Kühlungsborn trifft man auf mondäne Bäderarchitektur

tungen finden alljährlich Ausstellungen in der Kunsthalle und im Atelierhaus Röster-Kröhnke statt.

Kühlungsborn galt in der DDR mit den vielen Ferienheimen, die dem DDR-Gewerkschaftsbund FDGB gehörten, sowie einigen kleinen Hotels als »Bad der Werktätigen«. Mit 3000 Standplätzen und 120.000 Campern im Jahr war es außerdem vor allem ein Eldorado für Campingfreunde. Gleichzeitig verkamen viele der imposanten Jugendstilvillen zu Ruinen. Seit 1989 wurde nicht nur der historische Ortskern im Rahmen der Städtebauförderung saniert, auch erstrahlen viele Villen wieder in altem Glanz.

Die **Kühlung**, ein Endmoränengebiet, befindet sich südlich von Kühlungsborn. Unter diesem hügeligen Waldgebiet, das seinen Namen von den vielen Kuhlen und dem damit verbundenen zerklüfteten Erscheinungsbild bekommen hat, befindet sich ein Salzstock. Inmitten der Kühlung erhebt sich mit 130 Meter der **Diedrichshagener Berg**, von dem aus man bei gutem Wetter einen herrlichen Rundblick auf die gesamte Umgebung hat. Auf dem ca. 80 Meter hohen **Bastorfer Signalberg** steht der Leuchtturm Bastorf, einer der kleinsten deutschen Leuchttürme.

Kunsthalle Kühlungsborn
Ostseeallee 48 (18225), Tel.: 038293-7540, www.kunsthalle-kuehlungsborn.de; geöffnet Di–So 12–17 Uhr

Atelierhaus Rösler-Kröhnke
Schlossstr. 4 (18255), Tel.: 038293-15339, www.museum-atelierhaus-roesler-kroehnke.de; Fr–So 11–18 Uhr

Heimatstube Haus Rolle
Ostseeallee 18 (18225), Tel.: 038293-823460; Di–Fr 9–15.30 Uhr Sa 9–16 Uhr

Mollimuseum
Fritz-Reuter-Straße 16 (18225), Tel.: 038293-431331; während des Sommerfahrplans tägl. 9–18 Uhr, Winterfahrplan tägl. 11–16.30 Uhr

Tourist-Information Kühlungsborn
Ostseeallee 19 (18225), Tel.: 038293-8490, www.kuehlungsborn.de; Mo–Fr 9–16 Uhr Sa/So 10–13 Uhr

Ostseeheilbad Graal-Müritz

Die beste Zeit für einen Besuch in Graal-Müritz ist der späte Frühling, wenn die über 60 Rhododendron- und Azaleenarten des **Rhododendronparks** in Graal um die Wette blühen.

Das Seeheilbad, 25 Kilometer nordöstlich des Rostocker Stadtzentrums, liegt praktisch vor der Haustür: Die ersten Gebäude der Ortschaft gehören zu Torfbrücke und stehen noch auf hansestädtischem Grund und Boden. Am nordwestlichen Rand der Rostocker Heide gelegen, bestimmt der Wald auch hier das Bild des Kurortes. Die Ortsteile Graal und Müritz haben sich in den vergangenen Jahren zu einem Geheimtipp nicht nur unter Kurpatienten gemausert. fünf Kilometer feiner Sandstrand säumen den Ort, der auch schon von Franz Kafka und Erich Kästner besucht wurde. Die 350 Meter lange Seebrücke ist die einzige mit Solarstrom betriebene in Europa. Seit 2003 gibt es hier auch ein Sport- und Badeparadies mit zahlreichen Erlebnis- und Wohlfühlangeboten. Die Hotels und Pensionen liegen alle in See- und Waldnähe.

Östlich des Badeortes kann man Wanderungen im Müritzer Hochmoor unternehmen oder auf dem gut ausgebauten Radwanderweg entlang der Küste auf das Fischland radeln. Wer auf dem Weg Richtung Ribnitz-Damgarten die Straße nutzt, sollte einen Abstecher nach **Klockenhagen** machen. Das Freilichtmuseum stellt anschaulich die Lebens- und Arbeitsweise der Mecklenburger in den vergangenen Jahrhunderten dar. Viele der Höfe, Katen und Scheunen wurden aus anderen Dörfern hier zusammengetragen. Erwähnenswert ist insbesondere das um 1700 errichtete niederdeutsche Hallenhaus, das 1970 den Grundstein für das kleine Museum legte.

Frischer Fisch direkt aus dem Meer

Im Norden häufig zu sehen: Reetdächer

Tourismus- und Kur GmbH
Rostocker Str. 3 (18181), Tel.: 038206-7030, www.graal-mueritz.de; Hauptsaison Mo–Fr 9–20 Uhr Sa 9–18 Uhr So 10–16 Uhr, Nebensaison Mo–Fr 9–17 Uhr Sa 9–12 Uhr

Freilichtmuseum Klockenhagen
Mecklenburger Str. 57 (18311), Tel.: 03821-2775; April–Mai u. Okt. tägl. 10–17 Uhr, Juni–Sept. 10–18 Uhr

Das Schloss Güstrow, ehemalige Residenz Mecklenburgischer Herzöge, gilt als eines der bedeutendsten Renaissancebauwerke Norddeutschlands

Güstrow

Der **Dom** ist das älteste Bauwerk in Güstrow. Mit seinem mächtigen Turmmassiv prägt er in besonderer Weise die Silhouette der Stadt. Neben den beeindruckenden Wandgräbern der mecklenburgischen Herzöge und den 12 Apostelfiguren aus Eichenholz ist hier die wohl bekannteste Plastik von Ernst Barlach »Der schwebende Engel« zu betrachten. Im **Schloss**, eines der wenig erhaltenen Bauwerke der Renaissance in Norddeutschland, ist heute ein **Museum** untergebracht. Eine wertvolle Ausstattung mit Kunstwerken des 15. und 16. Jahrhunderts ist in der Pfarrkirche zu besichtigen. Vom Kirchturm bietet sich ein herrlicher Ausblick über die Stadt und ihre Umgebung. Die frühere Residenzstadt beherbergt ein reizvolles Architekturensemble von der Backsteingotik bis zum Klassizismus. Entlang des »Blauen Fadens«, einem Erlebnispfad durch die Altstadt, erfährt man allerlei Wissenswertes über die Geschichte und die Gegenwart Güstrows. Ihre Bekanntheit verdankt die Kleinstadt aber dem Bildhauer, Grafiker und Schriftsteller **Ernst Barlach** (geb. 1870), der hier von 1910 bis zu seinem Tode im Jahre 1938 lebte. Das **Atelierhaus** mit dem Ausstellungsforum am Heidberg und die **Gertrudenkapelle** bieten Begegnungen mit einer Vielzahl von Werken des Künstlers.

Ein weiteres Highlight Güstrows ist der **Natur- und Umweltpark**: Großzügige Wildfreigehege und Volieren, Beobachtungspunkte, Biotope und vor allem aber die artenreiche Fauna und Flora, die hier einen natürlichen Lebensraum haben, machen den Park zu jeder Jahreszeit zu einem lohnenswerten Ausflugsziel für die ganze Familie. Im neuen Besucherzentrum bietet der 12 Meter lange Aquatunnel einen faszinierenden Einblick in die Vielfalt der heimischen Unterwasserwelt. Den Gang auf dem Hochweg übers Wolfsfreigehege sollte man auf keinen Fall versäumen. Abend- und Nachtwanderungen runden das Angebot des Parkes ab.

Natur- und Umweltpark
Verbindungschaussee 1 (18273), Tel.: 03843-6999510, www.nup-guestrow.de; tägl. 9–18 Uhr

Wenige Minuten entfernt befindet sich das **Badeparadies »Oase«** mit zahlreichen Sport- und Freizeitangeboten.

Badeparadies »Oase«
Plauer Chaussee 7 (18273), Tel.: 03843-85580, www.oaseguestrow.de

Güstrow-Information
Franz-Parr-Platz 10 (18273), Tel.: 03843-681023, www.guestrow-tourismus.de; Mai–Sept. Mo–Fr 9–19 Uhr Sa 10–17 Uhr So 11–17 Uhr, Okt.–April Mo–Fr 10–18 Uhr Sa 10–16 Uhr So 11–16 Uhr

Fischland – Darß – Zingst

Wustrow und Ahrenshoop
Auf der Halbinsel-Kette Fischland-Darß-Zingst hat sich die Ostseeküste viel von ihrer Ursprünglichkeit erhalten. Von Klockenhagen bzw. der B 105 nahe Ribnitz-Damgarten kommend, gelangt man zuerst auf das Fischland. Nicht viel mehr als ein Kilometer Land trennt hier die Ostsee und den Saaler Bodden. Das Ostseebad **Wustrow**, wie so viele Seebäder früher nur ein Seefahrerdorf, war seit 1846 Sitz der »Großherzoglich-Mecklenburgischen Navigationsschule«. Der Lehrbetrieb an der späteren »Ingenieurhochschule für Seefahrt« wurde 1992 gänzlich nach Warnemünde verlagert. Kleine, oft rohrgedeckte Häuser bestimmen hier wie überall auf der Halbinsel den noch sehr dörflichen Charakter der Orte, die von der Seebäderarchitektur

Das heutige Ostseebad Ahrenshoop entwickelte sich zur Künstlerkolonie

des ausgehenden 19. Jahrhunderts weitgehend verschont blieben. Maler entdeckten um 1890 das heutige Ostseebad **Ahrenshoop**. Die sich entwickelnde Künstlerkolonie zog in der wärmeren Jahreszeit Maler, bildende Künstler und Schriftsteller in den Ort mit den malerischen Flach- und Steilküstenabschnitten, den Feld- und Waldgebieten und den schilfbewachsenen Boddenwiesen. Das **Haus am Strand** mit den von den Winden geformten Bäumen (Windflüchtern) ist das berühmteste Fotomotiv der Region. Der nach einem Brand 1977 wieder aufgebaute Kunstkaten ist die erste, 1909 eröffnete Ausstellungsstätte des Künstlerdorfes. Hier finden das ganze Jahr über Ausstellungen verschiedener Kunstrichtungen statt. Die »**Bunte Stube**« im Bauhausstil beherbergt eine Galerie und Kunstgewerbehandlung. Auch in den letzten Jahrzehnten haben sich Maler, Schriftsteller, Schauspieler sowie Ärzte und Handwerker in Ahrenshoop niedergelassen. Lohnend ist auch ein Blick in die **Ahrenshooper Kirche**. Sie wurde 1951 vom Ingolstädter Architekten Walter Hämer und der Ahrenshooper Bildhauerin Doris Oberländer aus Materialien der Küstenlandschaft, wie Holz und Schilf, gebaut und ist ihrer Form nach einem kieloben liegenden Boot nachempfunden.

Die Seebrücke in Wustrow ist natürlich auch für Notfälle gerüstet

Kurverwaltung Wustrow
Ernst-Thälmann-Str. 11 (18347), Tel.: 038220-251, www.ostseebad-wustrow.de

Kurverwaltung Ahrenshoop
Kirchnersgang 2 (18347), Tel.: 038220-666610, www.ostseebad-ahrenshoop.de; Hauptsaison Mo–Fr 9–18 Uhr Sa/So 10–15 Uhr

Die »Bunte Stube« in Ahrenshoop hat Tradition, und das bereits seit 1922

Idyllisch schmiegen sich einige Reethäuser in die Dünenlandschaft

Darß und Zingst

An das Fischland schließt sich der dicht bewaldete Darß an, der inzwischen zum »**Nationalpark Vorpommersche Boddenlandschaft**« gehört. Als Ausgangspunkt für Kutschfahrten durch den 4700 ha großen »Urwald« sind die schönen Darßdörfer Born, Wieck und Prerow zu empfehlen. Verpassen sollte man nicht die »**Darßer Arche**« in Wieck, eine moderne Ausstellung über den Nationalpark Vorpommersche Boddenlandschaft. Am **Darßer Leuchtturm** von 1884 befindet sich die Außenstelle des Deutschen Meeresmuseums Stralsund, wo fundierte Informationen über die Besonderheit der über lange Zeit unberührt gebliebenen Landschaft vermittelt werden. Hier starten auch faszinierende Führungen zum wildromantischen Weststrand und über die nördlichste Spitze des Darß, wo von den Fluten bei Ahrenshoop abgetragener Sand angespült wird und Nehrungen bildet.

NATUREUM, Darßer Ort

Darßer Ort 1–3 (18375), Tel.: 038233-304, www.deutsches-meeresmuseum.de; Mai/Sept./Okt. 10–17 Uhr, Juni–August 10–18 Uhr, Nov.–April Mi–So 11–16 Uhr

Das alte Seefahrer- und Bauerndorf **Prerow** besticht vor allem durch seine Vielseitigkeit und den breiten weißen Nordstrand. Der Besuch der alten **Seemannskirche** und des **Darßmuseums** inmitten gut erhaltener Wiesengehöfte runden den Besuch ab.

Kurbetrieb Ostseebad Prerow

Gemeindeplatz 1 (18375), Tel.: 038233-6100, www.ostseebad-prerow.de; Hauptsaison Mo–Fr 9–18 Uhr Sa/So 10–17 Uhr

Von Prerow sind es nur noch wenige Kilometer am Deich entlang zum Ostseeheilbad **Zingst**, das sich sehr harmonisch in die Weite der Landschaft einfügt. Zingst

Dünengras und feiner Sandstrand nahe Prerow

war im 19. Jahrhundert Standort für den Segelfrachtschiffbau. Da sich viele Kapitäne hier ansiedelten, gehörte der Ort um diese Zeit zu den wohlhabendsten an der ganzen Küste. In jüngster Zeit hat der Bau einer neuen **Seebrücke** dem Ort zu größerer Attraktivität verholfen.

Kur- und Tourismus Zingst

Seestr. 56 (18374), Tel.: 038232-8150, www.zingst.de

Zwischen Prerow und Zingst verlässt man über die Meiningenbrücke (erbaut 1910) die Halbinsel Fischland – Darß – Zingst und erreicht – nachdem man zwei weitere Boddendörfer passiert hat – die einstige Residenzstadt **Barth**. 1877 war die Stadt Heimathafen für 172 Segler und mithin der zweitgrößte in Preußen. Die große und weithin sichtbare **St. Marien-Kirche** (1314 erstmals urkundlich erwähnt) ist im gotischen Stil erbaut. Im Innern der Kirche befinden sich ein sehenswerter spätgotischer Taufkessel, gotische Wandmalereien und die Grabplatte der Herzogin Klara (1579). Jahrhundertelang diente der 87 Meter hohe Turm der Schifffahrt auch als Seezeichen. In der Zeit des Nationalsozialismus war Barth Standort eines KZ-Außenlagers, in dem ca. 5000 Häftlinge untergebracht waren, die vor allem für die Heinkel-Flugzeugindustrie zur Arbeit gezwungen wurden. Daran erinnert eine **Mahn- und Gedenkstätte für die Opfer des Faschismus** hinter

Wasserkunst in der einstigen Residenzstadt Barth

Natur zum Wohlfühlen: Blick über die Boddenlandschaft

der neuen Südstadt des Ortes. An die 2000 hier umgekommenen jüdischen Häftlinge erinnert seit einigen Jahren ein Gedenkstein.

Barth-Information

Markt 3–4 (18356), Tel.: 038231-2464, www.stadt-barth.de; Mo/Mi/Fr 10–17 Uhr Di/Do 10–18 Uhr,

Ribnitz-Damgarten

Die 1950 vereinigten Ortsteile Ribnitz-Damgarten fanden nur schwer zueinander: Ribnitz ist mecklenburgisch, Damgarten gehörte zu Vorpommern. Die Brücke über die Recknitz im Verlauf der B 105 erinnert mit den beiden Wappentieren an die historische Grenze zwischen Mecklenburg und Vorpommern. In der Stadt sind nur wenige sehenswerte Zeugnisse der Vergangenheit erhalten geblieben. Am beeindruckendsten ist das **Rostocker Tor**, eines der ältesten und schönsten Stadttore gotischer Baukunst in Mecklenburg-Vorpommern. Im **Deutschen Bernsteinmuseum** wurden Geschichten und Zeugnisse rund um das nach Stürmen auch heute noch an den Stränden zu findende, jahrtausende alte Harz von Nadelbäumen zusammengetragen.

In der **Schaumanufaktur** können Touristen den Schmuckgestaltern bei der Fertigung ihrer Produkte über die Schulter sehen. In einem Werk- und Experimentierraum der Ostsee-Schmuck GmbH können Interessierte sich selbst an der Bearbeitung von Naturbernstein versuchen und so ein ganz besonderes, selbst gestaltetes Souvenir erhalten. Die Manufaktur befindet sich im Ortsteil Damgarten (Richtung Stralsund) im Gewerbegebiet Ost direkt an der B 105.

Ostsee-Schmuck GmbH

An der Mühle 30 (18311), Tel.: 03821-88580, www.ostseeschmuck.de

Tourist-Information Ribnitz-Damgarten

Am Markt 14 (18311), Tel.: 03821-2201, www.ribnitz-damgarten.de

Geschichte

Rostock in der Geschichte
Die Stasi in Rostock
Alma Mater Rostochiensis
Rostocker Chronik

Rostock in der Geschichte

Die Entstehung der Stadt

Bei **Saxo Grammaticus**, der im 13. Jahrhundert die Taten und die Geschichte der Dänen aufschrieb, ist zum ersten Mal von der Siedlung Rostock zu lesen. Er berichtet von der Zerstörung der slawischen Burgsiedlung und des dort befindlichen Götzenbildes durch dänische Krieger im Jahre 1160. Zuvor war bei seiner Burg »Werle« der Fürst der Obotriten, Niklot, im Kampf gegen den Sachsenherzog Heinrich den Löwen und seinen Verbündeten König Waldemar von Dänemark gefallen. Die 1147 mit dem »**Wendenkreuzzug**« begonnene Christianisierung und Unterwerfung der mecklenburgisch-pommerschen Stämme ging nun ihrem Ende entgegen. Seit dem 6. Jahrhundert lebten elbslawische Stammesgruppen – zu ihnen gehörten auf dem Gebiet des späteren Mecklenburg die Obotriten, die Wilsen und im Gebiet der unteren Warnow die Kyzziner – in dem von den Germanen verlassenen Gebiet zwischen Elbe und Oder an der südlichen Ostseeküste. Wichtige Handelsplätze entstanden, so das reiche **Jumne** an der Odermündung, an das die Erinnerung heute noch im legendären **Vineta-Sagenschatz** fortlebt. Auch die zerstörte Burgsiedlung Roztoc, nicht weit entfernt gelegen von der Hauptburg der Kyzziner an der unteren Warnow, war mit einer Handelswik verbunden. Zahlreiche Bodenfunde in diesem Gebiet wissen mehr von der früheren Besiedlung zu erzählen als die kargen Mitteilungen des dänischen Geschichtsschreibers. Vergleichbar mit so berühmten Orten wie Haithabu, Rethra, Reric oder gar Jumne war die kleine Wik am Warnow-Breitling allerdings nicht. 1167 nahmen Niklots Söhne das Land ihrer Ahnen aus der Hand des Sachsenherzogs als Lehen an. Sie und Niklots Enkel öffneten es der **deutschen Besiedlung** und förderten durch Privilegien die Entstehung von Städten.

Der Kopf einer slawischen Götterstatue aus Holz

Von der Handelswik zur Hansestadt

Vermutlich schon um 1170 ist die Siedlung Rostock mit Burg und Handelswik wieder aufgebaut worden. 1189 gab es bereits einen Markt und eine dem Hl. Clemens geweihte Kirche. Deutsche Kaufleute und Handwerker ließen sich an der Warnow nieder. Aus Niedersachsen und Westfalen kamen sie vorwiegend, aber wohl auch aus Skandinavien, wie die dem Hl. Clemens geweihte Kirche vermuten lässt. Das Terrain in der **Warnowniederung** am östlichen Flussufer dürfte bald zu eng geworden sein. Um 1200 entstand auf der Anhöhe am jenseitigen Flussufer der **älteste Stadtkern Rostocks** (um St. Petri). Längere Zeit lebten nun zwei Rostock-Siedlungen nebeneinander. Am 24. Juni 1218 versprach Fürst Heinrich Borwin I. von Mecklenburg in einer unter anderem von zehn consules oppidi (Ratsherren) bezeugten Urkunde, Roztoc zur Stadt auszubauen und bestätigte das **Lübische Stadtrecht**.

Es ist richtiger von einer Bestätigung des Stadtrechts, als von der »Geburtsurkunde« Rostocks zu sprechen, denn das Privileg legalisierte in der Realität längst Bestehendes: die Gemeinschaft deutscher Kaufleute und Handwerker, die sich nach dem Vorbild der Stadt Lübeck organisiert hatte und ihr Leben nach deren Recht regelte.

Auf nun juristisch abgesicherter Basis entwickelte sich die Stadt in raschem Tempo – und aus eigener Kraft. 1232 war eine weitere Stadtsiedlung mit (St. Marien-) Kirche, Markt und Rathaus entstanden: die **Mittelstadt**. Und nochmals 20 Jahre später existierte als dritte Teilstadt die Neustadt um die Jakobikirche. Als Rostock 1252 das riesige **Waldgebiet der Heide** vom fürstlichen Stadtherrn kaufte, dürfte die hohe Kaufsumme von allen drei Gemeinden aufgebracht worden sein. In diese, für die Stadt sehr bedeutsame, Kaufurkunde wurde auch der Text der Stadtrechtsbestätigung von

1218 eingefügt, die nur auf diese Weise überliefert ist. Die äußerst dürftige Quellenlage jener Zeit lässt Raum für Spekulationen, auch hinsichtlich der Vereinigungsbestrebungen der drei Teilstädte. Es vergingen noch Jahre, ehe es soweit war, und den letzten Anstoß mag ein verheerender Brand im Jahr 1264 gegeben haben. 1265 war Rostock territorial, juristisch und institutionell geeint mit **dem Hauptmarkt** und Verwaltungszentrum in der Mittelstadt, und um 1300 umgab und schützte ein starker Mauergürtel die aufstrebende Stadt.

Längst waren Rostocker Kaufleute auf den wichtigen Schauplätzen des Handelsgeschehens im nordeuropäischen Raum anzutreffen, die die »Gotländische Genossenschaft deutscher Kaufleute« von Lübeck und Visby aus in vergangenen Dezennien geschaffen hatten. König Abel von Dänemark privilegierte sie 1251 für Schonen, und fortan standen die mit den gleichen Rechten wie die Lübecker ausgestatteten Rostocker im sehr gewinnbringenden Heringsgeschäft. **Schonen** war und blieb stets ein Schwerpunkt

Das Lübische Stadtrecht

Auszug aus der Urkunde über die Verleihung des Lübischen Stadtrechts von 1218:

»(…) Im Namen der heiligen und unteilbaren Dreieinigkeit! Borwin, Herr zu Mecklenburg, allen, die diese vorliegende Urkunde sehen werden, in Ewigkeit! Es soll allen Christus und uns Getreuen, sowohl den Gegenwärtigen als auch den Zukünftigen bekannt sein, wie ich, Borwin und ebenso meine vielgeliebten Söhne Heinrich und Nikolaus, die wir uns sowohl zum Nutzen für uns als auch für unsere Erben jetzt und in Zukunft bemühen, die ›Stadt‹ Rostock erwählt haben, um sie auszubauen, wozu die göttliche Gnade Gedeihen geben möge. Damit aber die Siedler des genannten Ortes diesen umso unbesorgter aufsuchen und in geschütztem Frieden durch jegliche Freiheit gestärkt werden, bestätigen und befestigen wir Gegenwärtige und Zukünftige wie bisher so auch in Zukunft in der Belehnung mit Lübischem Recht, das sie genutzt haben und nutzen sollen, und zwar in ihren Häusern und Höfen, auf bebautem und unbebautem Land, auf Feldern, Wiesen, Weiden und Wäldern, bei Fischerei und Jagd, in Gewässern und Wasserläufen, auf Wegen und in unwegsamem Gelände, beim Kommen und Gehen mit Ausnahme des Zollrechts in jedweder Rechtssetzung durch uns. (…)«

Kaufleute aus dem 13. Jahrhundert verhandeln über Waren (verschnürte Ballen in der Bildmitte, vermutlich Wolle)

des Rostocker Handels, Domäne der im Schonenfahrergeleg vereinigten Kaufleute. Gleiche Handelsinteressen und Schutzbedürfnisse hatten einst die »**Kaufmannshansen**« (Hanse = Schar) entstehen lassen. Im Verlauf des 13. Jahrhunderts hörten die Kaufleute allmählich auf, in eigener Person Schiff und Waren zu begleiten und monatelang der Heimat fern zu sein. Sie leiteten ihre Geschäfte vom heimatlichen Kontor aus über ihre Beauftragten. Die Handelsstädte selbst identifizierten sich immer stärker mit den Interessen ihrer Kaufleute. 1257 trafen sich Lübecker, Rostocker und Wismarer Ratsherren zum ersten Mal zu einer gemeinsamen Beratung, und 1259 schlossen sie ein erstes **Bündnis** zur Gewährleistung der Sicherheit der Schifffahrt und zum Schutz gegen Piraten. Mehr und mehr trat die städtische Politik in den Dienst der kaufmännischen Interessen. Die Kaufmannshanse wandelte sich zur **Städtehanse**. Neben Lübeck wurde Rostock im wendischen Quartier dieser Städtegemeinschaft die bedeutendste Stadt. Ihre Kaufleute knüpften mit an der Dichte des Handelsnetzes, das schließlich von einer Vielzahl von Städten getragen wurde und sich zwischen den Hauptkontoren London, Brügge, Bergen und Nowgorod spannte. Die Stadt teilte die Geschicke der **Hanse** bis zu deren Niedergang und Ende im Jahre 1669.

Die Fürstliche Zeit

Neben Schonen waren Norwegen und Dänemark stets bevorzugte Gebiete für den Rostocker Handel. Die baltischen Länder, Russland und Westeuropa spielten zwar auch eine Rolle, doch waren Umfang und Bedeutung dieser Geschäfte von nicht so gewichtigem Rang und nicht über so lange Zeiten konstant wie die mit **Nordeuropa**. Handel und Schifffahrt auf der einen, Handwerk und Gewerbe auf der anderen Seite bildeten die wichtigste ökonomische Basis der städtischen Existenz. Ende des 13. Jahrhunderts waren nachweislich 77 verschiedene Gewerbe in Rostock vorhanden, die Aufschluss geben über die starke Differenzierung und den hohen Stand der gewerblichen Produktion. Wirtschafts- und Finanzkraft der Stadt dienten in hohem Maße dazu, eine vom fürstlichen Stadtherrn autonome Existenz aufzubauen. Schon im 13. Jahrhundert war dessen Einfluss auf Rostock vergleichsweise gering. Schrittweise sicherte sich die Stadt eine Reihe lebenswichtiger Privilegien, auf denen ihre Autonomie und Freiheit beruhten, als sie 1314 an das Fürstentum (später Herzogtum) Mecklenburg fiel. Wichtigste Schritte auf diesem Wege waren 1323 der **Kauf des fürstlichen Dorfes Warnemünde** mit dem gesamten westlichen Warnowufer: Der freie Zugang zum Meer war in Rostocker Hand. Der Kauf der **Münzgerechtigkeit** 1325 bedeutete Münzhoheit in der Herrschaft Rostock. Den anderthalb Jahrhunderte anhaltenden Prozess des Ausbaus der städtischen Autonomie beendete 1358 der Erwerb der vollen **Gerichtsbarkeit** vom fürstlichen Stadtherrn. Kein Vogt des Fürsten hatte jetzt mehr Einfluss auf die Rechtsprechung. Dennoch: Diese mit viel Geld, Klugheit und Ausdauer errungene und immer wieder zu sichernde Position änderte an der Stellung der Stadt gegenüber den mecklenburgischen Fürsten im staatsrechtlichen Sinne nichts, die **Landesherrschaft der Herzöge** konnte nie vollständig abgeschüttelt werden – ein Wermutstropfen in Rostocks Geschichte. Es war und blieb eine Territorialstadt des 1348 in den Lehensverband des Deutschen Reiches aufgenommenen mecklenburgischen Herzogtums. Nie sollte es ihr – wie beispielsweise Lübeck – gelingen, **freie Reichsstadt** zu werden.

Rund 11.000 Menschen lebten seit dem Ausgang des 14. Jahrhunderts in Rostock. Doch nur ein Viertel bis ein Drittel der Rostocker besaß das Bürgerrecht, war juristisch Vollbürger. Der größere Teil der Bevölkerung – vor allem Handwerksgesellen, Knechte und Mägde – war (wie in anderen Städten auch) nicht im Besitz der Bürgerrechte. Sowohl zahlenmäßig stark als auch ökonomisch bedeutsam waren nachweislich die seit Ausgang des 13. Jahrhunderts in Ämtern (Zünften) organisierten Handwerker. Ihre Wehrkraft und militärischen Dienste sicherten darüber hinaus auch wesentlich den Schutz der Stadt. Die

Münzen wie dieser Rostocker Taler (o.) und die Roster Dukate (u.) zugen von den einstigen Privilegien Rostocks

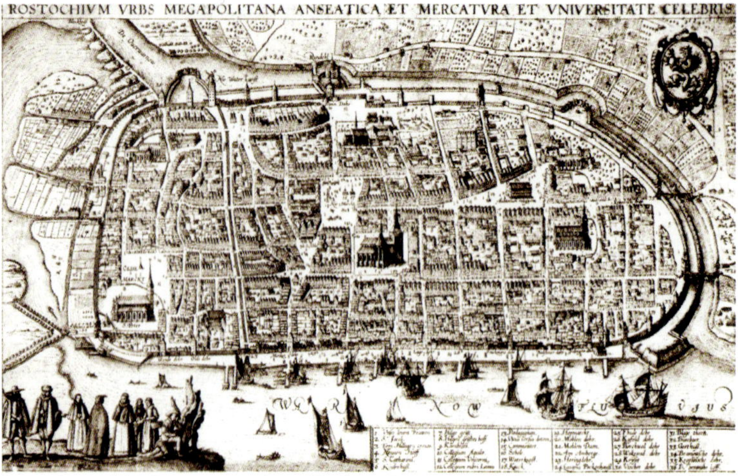

Rostock von Norden aus gesehen, Kupferradierung von Wenzel Hollar (1624/25)

Handwerksämter standen in Rostock unter besonders strenger Bevormundung des Rates. Nach Lübischem Recht waren sie – ausgehend von der Ratswahlordnung Heinrichs des Löwen für Lübeck – nicht ratsfähig. Politische Stellung und Rechte der Handwerker entsprachen also nicht ihrer sozialökonomischen Bedeutung: der Gemeinde, nach dem Lübischen Recht das Organ, auf dem die **Stadtverfassung** beruhte, kam nur ein gewisses Mitspracherecht in städtischen Angelegenheiten zu. Schon im 14. Jahrhundert gelang es einer kleinen exklusiven Schicht patrizischer Familien, das Recht auf **Selbstergänzung** des Rates durchzusetzen und auf die eigene Gruppe zu beschränken. Seit dem 14. Jahrhundert erlebte die Stadt immer wieder heftige innerstädtische Konflikte, die hauptsächlich von den Handwerksämtern getragen wurden und auf Veränderungen der Stadtverfassung im Sinne einer Öffnung des **Stadtregiments** zielten. 1487 bis 1491 gipfelten sie in der »Domfehde«, einem auch zwischen der Stadt und dem Fürstentum ausgetragenen Konflikt, in dem die mecklenburgischen Herzöge über die Einrichtung St. Jakobis zum **Domkollegiatsstift** versuchten, Rostock stärker als bisher ihrer Landeshoheit zu unterstellen. Diese mehrjährige »Fehde« endete zuungunsten der Stadt.

Zwischen Humanismus und Reformation

Seit 1419 bezog Rostock Glanz und Namen in erheblichem Maße von seiner **Universität**, die heute als die älteste Nordeuropas gilt. Nach Rostock schickten die einflussreichen Familien der Hansestädte ihre Söhne zum Studium, ließen sie durch hervorragende Gelehrte für die hohen Ämter, die sie in den Städten erwarteten, ausbilden. Rostocks Universität galt als Universität der Hanse. Die geistigen Strömungen des beginnenden 16. Jahrhunderts, **hussitisches Gedankengut**, besonders humanistische Ideen und Anschauun-

Hopfenmarkt mit Universität und dem Kloster zum Heiligen Kreuz um 1585

gen, die Gelehrte wie Ulrich von Hutten, Conrad Celtes, Hermann von dem Busche und andere vertraten, beeinflussten direkt oder indirekt den Rostocker Universitätskreis. Stärker und nachhaltiger wirkten jedoch die reformatorischen Lehren Martin Luthers. Magister Joachim Slüter – seit 1523 Geistlicher an St. Petri und geliebt von seiner Gemeinde – trat für die **Reformation** der Kirche ein und sah sich nicht nur dem Widerstand der katholischen Geistlichkeit gegenüber, sondern auch einem konservativen Rat. Erst 1531, ein Jahr vor Slüters Tod, stimmte der Rat einer Neuordnung der religiösen Angelegenheiten zu, woran der Anteil des seit 1526 als Ratssyndikus in städtischem Dienst stehenden berühmten Juristen Johann Oldendorp nicht unerheblich gewesen ist. Gerüchte, die besagten, Slüter sei einem Giftmord zum Opfer gefallen, konnten weder bewiesen noch widerlegt werden.

Die **wirtschaftliche Bedeutung** Rostocks und anderer Hansestädte verblasste im 16. Jahrhundert langsam. Die Zeiten des vollen Wachstums und Reichtums waren unwiederbringlich vorbei. Das jahrhundertelang bewährte Handelssystem der Hanse konnte mit den im gesamteuropäischen Handel vor sich gehenden Veränderungen nicht Schritt halten. Stark war im Nord- und Ostseeraum besonders die Konkurrenz der Holländer geworden, Flexibilität und neue Methoden wurden notwendig. **Reorganisationsversuche** der Hanse blieben letztendlich erfolglos. In sehr verschiedene Territorien eingebunden, begannen sich die Wege der Hansestädte zu trennen. Die mecklenburgischen Herzöge verstärkten auf verschiedene Weise ihre Attacken gegen die Stadt Rostock, um sie ihrem Einfluss zu unterwerfen, und hatten in den Erbverträgen von 1573 und 1584 Erfolg. Rostock musste sie als Erbherren, Landesfürsten und Obrigkeit anerkennen und das Ziel, den Status einer freien Reichsstadt zu erlangen, aufgeben. Allerdings sicherte sich die Stadt zahlreiche **Sonderrechte**, vor allem eine eigenständige Wirt-

Historische Ansicht der Stadt Rostock im 16. Jahrhundert. Im Vordergrund werden die verschiedenen Bewohner der Stadt, vom einfachen Volk bis hin zum Ratsherren, gemäß ihres Standes in Kleidung und Gestus dargestellt

schaftspolitik, und konnte sich durch ihr zähes Festhalten am Skandinavienhandel auch ökonomisch noch weiter konsolidieren. Die 80er Jahre des 16. Jahrhunderts brachten ein weiteres Ergebnis, das die auch im **Reformationsjahrhundert** mehrfach aufgebrochenen innerstädtischen Probleme zwischen Ratsoligarchie und Bürgerschaft nicht nur befriedete, sondern sogar eine Errungenschaft darstellte: 1584 entstand mit dem Hundertmännerkollegium, das zunächst aus 30 Brauern, 30 Kaufleuten und 40 Handwerkern bestand – später waren es paritätisch je 50 Brauer, Kaufleute und Handwerker – eine legitime Vertretung der **Bürgerschaft**, die die alte Tradition der in der Vergangenheit zeitweise in Konfliktsituationen wirkenden Bürgerausschüsse auf rechtmäßige Weise jahrhundertelang fortsetzen sollte.

Jahre des wirtschaftlichen Niedergangs

Einhundert Jahre nach diesen einschneidenden Veränderungen bot die Stadt, die 1578/86 noch durch ihren Bürger Vicke Schorler mit einem monumentalen Bildwerk von 18 Meter Länge als »hochlöbliche, weitberühmte Hanse- und Hauptstadt im Lande Mecklenburg« gepriesen worden war, einen traurigen Anblick. Die ökonomische Kraft Rostocks war weitgehend gebrochen. Noch Ende 1627, als der **Dreißigjährige Krieg** die Stadt erreicht hatte, konnte durch Zahlung der riesigen Summe von 140.000 Reichstalern die Besetzung durch kaiserliche Truppen abgewendet werden. Doch 1628 ließ Wallenstein nicht mehr mit sich handeln. Mehrere Jahre wurde Rostock nun besetzt. Den Kaiserlichen folgten 1631 die Schweden. Am Ende des Dreißigjährigen Krieges war auch Rostock am Ende und gab seinen Schaden mit 1.763.647 Reichstalern an. Der Handel lag am Boden. Noch einmal, zum letzten Mal, trafen sich nach den langen, schweren Zeiten im Jahre 1669 Vertreter der Hansestädte in Lübeck. Das Dilemma war vollkommen, als am 11./12. August 1677 ein Brand große Teile der Rostocker Altstadt zerstörte und schließlich nur noch 5000 Menschen in Rostock lebten. Das ausgezehrte Mecklenburg als Hinterland, von den **Schwesterstädten** Wismar und Stralsund isoliert, durch fremde, um die Vorherrschaft im Ostseeraum kämpfende Mächte gebeutelt – so sahen Rostocks Jahrzehnte bis zum Ende des Nordischen Krieges 1721 aus. Bis aufs Mark geschröpft wurde die Stadt erneut im **Siebenjährigen Krieg** (1756 – 1763). Doch damit nicht genug. Die Stadt, seit Ende des Dreißigjährigen Krieges nunmehr die einzige See-, Handels- und überhaupt größere Stadt Mecklenburgs, hatte sich in den Jahren 1715/1728 gegen die absolutistischen Bestrebungen vor allem Herzog Karl Leopolds von Mecklenburg wehren müssen. Innere Krisen folgten. Der alten feudalen Ratsverfassung galten die Angriffe der Bewegung der »Tausend«, einer starken, von den Gewerken getragenen Oppositionsbewegung, die die Stadtverfassung verändern wollte und jahrzehntelang die Stadtobrigkeit beunruhigte. Ein neues Regulativ für das Hundertmännerkollegium mit einigen neuen demokratischen Elementen war 1770 erfolgreich. Und 1788 entschied sich der alte Machtkampf zwischen Stadt und Landesfürstentum: Ein neuer Erbvertrag schrieb die bisherige politische Konstellation unter Wahrung der wirtschaftlichen Eigenständigkeit der Stadt nochmals nachdrücklich fest und blieb bis 1918 Grundlage der Stadtverfassung.

Das 19. Jahrhundert

Erst einhundert Jahre nach dem großen **Stadtbrand**, dessen Folgen im Stadtbild noch im 18. Jahrhundert nicht vollständig verschwunden waren, begann sich das Blatt wieder zugunsten Rostocks zu wenden. Lukrative Geschäf-

Rostock vor dem Steintor um 1841

Die Rostocker Altstadt vom Beginenberg (oben) und der Blücherplatz 1844 (unten)

te winkten. Die **Koalitionskriege** Englands und der Niederlande gegen Frankreich und seine Revolution forderten die neutrale Schifffahrt heraus; Lebensmittel wurden gebraucht: vor allem in England. Auch die Ausfuhr nach Dänemark belebte sich. Dort brauchte man ebenfalls Getreide und für den Aufbau Kopenhagens nach dem großen Brand 1795 auch Baumaterialien. Darüber hinaus profitierten Rostocks Schifffahrt und **Exporthandel** von Missernten in Westeuropa in den Jahren 1799 und 1800. Als die Nahrungsmittel-Nachfrage größer war als die binnenländische Produktion, kam es in Rostock und in anderen mecklenburgischen Städten zu Teuerungen und heftigen Unruhen in der Bevölkerung. Der »**Rostocker Butterkrieg**« Ende Oktober 1800 ging in die Geschichte der Stadt ein. Händler hatten angesichts der großen Nachfrage die Butterpreise nochmals angehoben, was zu Aufruhr unter den ärmeren Bürgern führte. Auf dem Markt wurden beschlagnahmte Buttertonnen ausge-

Rostock vom Steintor (oben) und das Rathaus und der Neue Markt um 1850 (unten)

stellt, Lebensmittel billig verkauft oder an die Ärmsten verteilt. Im Hafen verhinderte man die Ausfahrt von Schiffen. Der Druck der Bevölkerung zwang den Rat zur Herabsetzung der Butter- und Roggenpreise.

1806 schob die **Napoleonische Kontinentalsperre** den profitablen Geschäften einen Riegel vor. Dann kamen Napoleons Soldaten selbst und blieben mit Unterbrechungen bis zum Frühjahr 1812. Für einige Monate im Jahr 1810 musste die Stadt rund 10.000 Soldaten unterbringen und verpflegen. 1813 waren die Rostocker, die im Frühjahr 1809 das Regiment Ferdinand von Schills nur widerstrebend versorgt hatten, von nationalem Befreiungsgeist und -willen ebenso erfasst wie alle Mecklenburger. Von ihren Spenden konnten 114 mecklenburgische Jäger ausgerüstet werden. Als Geburtsstadt Gebhard Leberecht von Blüchers empfing Rostock im Juli 1814 stolz und jubelnd ihre heimkehrenden mecklenburgischen Truppen.

Es folgte nun eine Zeit wirtschaftlicher Prosperität, und Rostock stieg in wenigen Jahrzehnten zum **bedeutendsten Ostseehafen** auf. 1845 waren 233 Schiffe mit fast 40.000 Nettoregistertonnage in der Stadt beheimatet. Dementsprechend blieb der Seehandel die Triebfeder der Stadt, während sich die gewerbliche Struktur in der ersten Hälfte des Jahrhunderts nicht wesentlich veränderte. Dominierend waren immer noch die Handwerksämter, einige Manufakturen kamen hinzu, jedoch keine industriellen Unternehmungen. Die industrielle Entwicklung in der zweiten Jahrhunderthälfte blieb hauptsächlich an den Schiffbau gebunden. 1851/52 liefen die ersten seegehenden Schraubendampfer Deutschlands des »Werft- und Maschinenbetriebs« von Tischbein und Zeltz vom Stapel. Die nur spärliche Erschließung industrieller Entwicklungsmöglichkeiten erschwerten in Verbindung mit anderen Hindernissen Rostocks weiteren Weg. 1870 verfügte die Stadt mit ihren 378 Schiffen über die größte städtische Handelsflotte im Ostseeraum, doch konnte sie nicht mehr ausgelastet werden. Der einzige industrielle Großbetrieb der Stadt und des Landes Mecklenburg entwickelte sich seit 1890 als Aktiengesellschaft »Neptun Schiffs- und Maschinenfabrik«. 1905 waren 1600 Arbeiter in diesem Betrieb beschäftigt.

Das 20. Jahrhundert

Um die Jahrhundertwende war Rostock längst über den alten Stadtkern hinausgewachsen. Schöne Villenviertel entstanden, aber auch unansehnliche Mietsgebäude, Lagerhallen, Schuppen und Werksgebäude. Die alte Stadtmauer bestand nur noch aus Resten, und manch altes Gebäude, das Jahrhunderte überdauert hatte, war abgetragen worden und hatte Neuem Platz gemacht. Dennoch bewahrte Rostock seinen ge-

Der Rostocker Stadthafen im Jahre 1892

Kröpeliner Tor und Jakobikirche um 1930

schlossenen Charakter, viele schöne Winkel und die Beschaulichkeit einer mittelgroßen Stadt.

Eine sprunghafte Entwicklung setzte für die Stadt mit der Machtergreifung der Nationalsozialisten 1933 ein. Innerhalb weniger Jahre bewirkte die hier angesiedelte **Rüstungsindustrie** den zweifelhaften Aufstieg zu einer mittleren Industriestadt mit entsprechender Sozial- und Infrastruktur. 1935 hatte Rostock 100.000 Einwohner. Die Scheinblüte schuf Arbeit und bescheidenen Wohlstand in neu gebauten Häusern. 1933 arbeiteten in den Heinkel-Werken 500 Menschen, 1939, im Ausbruchsjahr des **Zweiten Weltkrieges**, 2100 und in den Kriegsjahren bis 1943 waren es zeitweise 9000, unter ihnen sehr viele Zwangsarbeiter. Zwei Jahre nach dem Überfall Hitler-Deutschlands auf Polen wurde Rostock zum ersten Mal von der britischen Royal Air Force bombardiert, blieb aber ohne größere Schäden. Im April 1942 jedoch verwandelten alliierte Bomben Rostock nahezu in ein Trümmerfeld. Weitere Angriffe folgten und zerstörten fast 40 % aller Häuser und Gebäude. Der **Einmarsch sowjetischer Truppen** beendete am 1. Mai 1945 die zwölfjährige Herrschaft des Nationalsozialismus.

Am Ende des Krieges lebten nur noch 66.114 Menschen in der Stadt – eine Zahl, die durch den Zustrom von Flüchtlingen aus dem Osten rasch zunahm. Am 31. Dezember 1945 betrug sie schon 88.457. Die Probleme Rostocks ähnelten denen anderer schwer zerstörter Städte. Die sowjetische Militäradministration bestimmte die Geschicke. Am 2. Mai 1945 hatte sich bereits das »Rostocker Ordnungskomitee« gebildet, der Beginn einer neuen Stadtverwaltung. Als eine Stadt in der sowjetischen Besatzungszone erlebte Rostock die ersten Nachkriegsjahre, die in der Geschichtsschreibung der DDR als Phase des Auf-

Rostock 1945: Auch die Steinstraße in Richtung Neuer Markt liegt in Trümmern

baus einer antifaschistisch-demokratischen Ordnung bezeichnet wurden. Für die seit Jahrzehnten im Schatten bedeutender Hafenstädte stehende Stadt eröffneten sich 1949 nach der Staatsgründung der DDR verlockende Perspektiven. Sie wurde zum Hauptschwerpunkt der Hafen- und Seeverkehrswirtschaft und des Schiffbaus der DDR ausgebaut. Nach der angeordneten Auflösung der Länder auf dem Territorium der DDR und der Schaffung von Bezirken, wurde Rostock 1952 **Bezirkshauptstadt** des gleichnamigen Bezirkes.

Der durch die SED-Führung 1952 beschlossene Aufbau der Grundlagen des Sozialismus – nach sowjetischem Vorbild – sah für Rostock großartige Perspektiven vor.

Zweifelsohne nahm Rostock in 40 Jahren DDR – zumindest von außen und mit ungeschärftem Blick für Disproportionen und kommunale Probleme – eine vergleichsweise beachtliche Entwicklung, und von der politischen Führung wurde es gern mit dem Attribut einer »dynamischen sozialistischen Industriegroßstadt« versehen. In Warnemünde wurde als zweite Großwerft neben der traditionsreichen Rostocker Neptun-Werft die Warnow-Werft für die Produktion von Hochseefrachtern gebaut. Ab Oktober 1957 entstand durch die Hilfe Tausender Menschen aus dem ganzen Land in Rostock ein neuer **Hochseehafen**. Attraktivität für die Anliegerstaaten der Ostsee gewann die Stadt auch als Hauptveranstaltungsort der von 1958–1974 stattfindenden Ostseewochen. 1985 war Rostock eine Stadt mit rund 250.000 Einwohnern und stand – wie die gesamte DDR – vor einem Berg schwierigster, alle Bereiche des Lebens betreffende Probleme. Zugedeckt durch ständige Erfolgsmeldungen, Beschönigungen, Unehrlichkeiten

Rathaus und Neuer Markt auf einer Postkarte aus den 1950er Jahren

harrten Widersprüche und Konflikte aller Art ihrer Lösung.

Im Oktober/November 1989 nahmen auch die Bürgerinnen und Bürger Rostocks ihre Geschicke und ihre Geschichte selbst in die Hand. Eine »sanfte« Revolution fegte ein Gesellschaftssystem hinweg, das vorgegeben hatte, älteste Menschheitshoffnungen und höchste humane Werte verwirklichen zu wollen, aber letztlich doch nur im egoistischen Machtstreben steckengeblieben war und Engagement, Enthusiasmus, Fleiß und Opferbereitschaft der Menschen missbraucht hatte. 1993 konnten die Rostocker auf eine 775-jährige Geschichte als Stadt zurückblicken. Wie klein und doch wie gewichtig ist im Vergleich dazu der letzte Zeitabschnitt von rund 40 Jahren! Viel, sehr viel wurde gerade über diesen Zeitraum geschrieben, doch wie wenig kann über ihn in gebotener historischer Objektivität heute gesagt werden. Groß war die Zahl der weißen Flecken der Rostocker Stadtgeschichte. Genannt seien nur die Ereignisse des 17. Juni 1953 und die widerspruchslose Zeit vieler Jahrzehnte. Seit den neunziger Jahren konnte jedoch in der Aufarbeitung dieses Abschnitts der Rostocker Stadtgeschichte bereits einiges erreicht werden.

Ingrid Ehlers

Leere Regale in der HO-Kaufhalle Reutershagen im Mai 1990

Die Stasi in Rostock

Das Ministerium für Staatssicherheit (MfS) hatte die DDR mit einem engen Netz von hauptamtlichen und inoffiziellen Mitarbeitern überzogen, die in allen gesellschaftlichen Bereichen tätig waren und möglichst viele, politisch relevante Informationen sammeln sollten. Die Beobachtung und Verfolgung politisch oppositioneller Gruppen und Personen gehörten zu den vorrangigen Aufgabenbereichen. Darüber hinaus war die Staatssicherheit auch für alle Fragen der Grenzsicherung und für Spionageaktivitäten zuständig. Zwischen der SED und MfS bestanden auf allen Ebenen enge Verbindungen und regelmäßige Kontakte. In der offiziellen Terminologie war die Stasi »Schwert und Schild« der Partei.

Im Oktober 1989 brennen Kerzen vor dem Gebäuder der Bezirksverwaltung

Nach der Besetzung der Rostocker Bezirksverwaltung durch Vertreter der Bürgerbewegung am 4. Dezember 1989 wurde das Gebäude an der August-Bebel-Straße versiegelt und unter die

Aus einem Bericht der Stasi

Für die Bezirksverwaltung Rostock der Staatssicherheit arbeiteten mit Stand vom Juni 1989 insgesamt 3886 hauptamtliche Mitarbeiter. Die operativen Einheiten der Bezirksverwaltung arbeiteten darüber hinaus mit insgesamt 9263 inoffiziellen Mitarbeitern (IM) zusammen. IM waren in Behörden, Schulen, Kirchen, der Nationalen Volksarmee und vielen anderen Bereichen tätig und wurden regelmäßig »abgeschöpft«. Auch die Aktivitäten der Bürgerinnen und Bürger im Herbst 1989 wurden von der Staatssicherheit systematisch überwacht und ausgewertet. In einem Bericht des Leiters der Bezirksverwaltung der Staatssicherheit in Rostock, Generalleutnant Mittag, heißt es: »Am 19.10. und 21.10.1989 kam es im Anschluss an Gebetsandachten in den Rostocker Kirchen (…) zu Demonstrationen durch die Innenstadt von Rostock, an denen jeweils ca. 2000 Personen teilnahmen. (…) Zur Identifizierung von Organisatoren, Inspiratoren und Rädelsführern aus dem Bezirk Rostock und der Republik sind sofort alle im Verantwortungsbereich vorhandenen zuverlässigen inoffiziellen und offiziellen Kräfte zu nutzen und die Ergebnisse unverzüglich dem Leiter der Abteilung XX zu übermitteln.«

Kontrolle der Volkspolizei gestellt. Ein unabhängiger Untersuchungsausschuss aus Rostocker Bürgern stellte die Akten sicher und begann die systematische Aufarbeitung.

Der Norden wacht auf – Rostock im Herbst 1989

Im Herbst 1989 überschlugen sich – wie in anderen Städten der DDR – auch in Rostock die Ereignisse. Der Unmut über die Unfähigkeit der SED-Führung, angesichts einer täglich wachsenden Ausreisewelle die drängenden Probleme des Landes wahrzunehmen, führte dazu, dass immer mehr Menschen sich für die neu entstandenen Oppositionsgruppen wie das Neue Forum interessierten. Anfang Oktober versammelten sich tausende von Menschen in den großen Rostocker Kirchen, um sich über die Ziele des Neuen Forum zu informieren. Joachim Gauck, der damals als Pfarrer in Rostock tätig war, hat die Atmosphäre dieser Veranstaltungen folgendermaßen beschrieben: »Wer damals in diesen Gottesdiensten war, die einen unglaublichen Zulauf erlebten, der wußte, daß es nur eine Frage der Zeit war, bis die Menschen auf die Straße gehen würden.« Tatsächlich strömten am 19. Oktober nach einer Fürbittandacht tausende von Bürgerinnen und Bürgern vor der Marienkirche zusammen und setzten sich in Bewegung. Statt staatskonformer Parolen, wie sie sonst bei offiziellen Umzügen gerufen wurden, ertönten jetzt kritische Sprechchöre: »Rettet das Land«, »Stasi in die Produktion«, »Zulassung des Neuen Forum«. Von diesem Zeitpunkt an wurde der Donnerstag in Rostock bis Anfang Januar zum regelmäßigen Demonstrationstermin. Die alten Machthaber reagierten wider Erwarten mit Hilflosigkeit.

Auf friedlich demonstrierende Bürger mit Kerzen in der Hand waren sie nicht vorbereitet. Auch ihr Dialogangebot an die Bürger und an das Neue Forum kam zu spät. So hatte der SED-gesteuerte Rat

Erste Rostocker Donnerstagsdemonstration am 19. Oktober 1989

November 1989: Das »Neue Forum« ruft zu Menschenketten auf

der Stadt Rostock am 5. November zu einer Dialogveranstaltung zum Thema »Parteienpluralismus und Bürgermitbestimmung« eingeladen. Dort plazierte sich ein Mitglied des Neuen Forums direkt vor den Vorsitzenden der SED-Bezirksleitung und sagte: »Herr Timm, ich habe drei Fragen. Erste Frage: ›Was verstehen Sie unter der Diktatur des Proletariats?‹« Als Timm zum dritten Mal »Äh …, äh …, äh« gesagt hatte, brachen die Anwesenden in Lachen aus. Aber das mochte der Funktionär nicht auf sich sitzen lassen. »Moment«, rief er in den Saal, »da müßte man erstmal nachschlagen.« Danach war es aus. Die Leute schlugen sich auf die Schenkel, und der einst mächtigste Mann im Bezirk Rostock hatte endgültig jegliche Autorität verloren. Trotz dieses schleichenden Machtverlustes war der alte Machtapparat aber noch nicht endgültig geschlagen. Vor allem die Staatssicherheit versuchte die alten Strukturen zu retten und belastendes Beweismaterial zu vernichten. Daraufhin besetzten auch in Rostock Mitglieder der Bürgerbewegungen am 4. Dezember 1989 die Stasi-Zentrale an der August-Bebel-Straße und

Kanzler Kohl spricht am 9. März in Rostock – Gegendemo auf dem Parkplatz Fischerbastion

Januar 1990: Joachim Gauck beim Fürbittgottesdienst in der Marienkirche

forderten die Kontrolle des Hauses durch die Bürger. Mit der Drohung, notfalls mit Hilfe von Massendemonstrationen die Schließung des Gebäudes zu erzwingen, gelang es ihnen schließlich, die Kontrolle über das Gebäude zu übernehmen und die Daten und Akten zu sichern.

In den ersten Dezembertagen wurde auf Drängen der Bürgerbewegungen auch in Rostock ein Runder Tisch ins Leben gerufen, der an die Stelle des von der SED dominierten Stadtparlaments treten sollte. An die Beschlüsse des Runden Tisches mussten sich nun auch die Vertreter des alten Stadtrates halten. Dieser versuchte aber in den folgenden Monaten unter der Leitung des SED-Oberbürgermeisters Henning Schleiff seine bisherige Machtpolitik fortzusetzen. Als der Stadtrat – ohne den Runden Tisch zu konsultieren – beschloss, ehemalige Stasi-Angestellte in den Schuldienst einzustellen, kam es zum Eklat: Die Bürgerbewegungen legten ihre Arbeit am Runden Tisch nieder und riefen die Bürger für den 22. März zu einer Protestdemonstration vor dem Rathaus auf, an der über 10.000 Rostocker teilnahmen. Der lautstark vorgetragenen Forderung der Menschenmenge nach Rücktritt des Oberbürgermeisters Schleiff konnte sich dieser nicht länger entziehen. Er verschwand durch einen Hinterausgang aus dem Rathaus und ließ kurze Zeit später eine Rücktrittserklärung verlesen. Danach kam die Stunde des Runden Tisches. Er wählte den Vertreter des Neuen Forum, Christoph Kleemann, zum neuen Oberbürgermeister und stellte ihm 18 Stadträte aus den Reihen des Runden Tisches an die Seite. Dieses Gremium nahm für eine Übergangszeit bis zu den ersten freien und geheimen Kommunalwahlen im Mai 1990 die Geschicke der Stadt in die Hand. Als die Menschen sich im Oktober 1989 in den Rostocker Kirchen versammelten, hatten sie sich wohl kaum vorgestellt, dass sie auf diese Art und Weise Geschichte schreiben würden.

Alma Mater Rostochiensis

Die Universität Rostock, 1419 gegründet, zählt nicht nur zu den ältesten Universitäten Deutschlands, sondern sie gilt auch als die älteste Universität in Nordeuropa. Im Jahr ihrer Gründung hatte sie zunächst drei Fakultäten: eine philosophische, eine juristische und eine medizinische. Die Einrichtung einer theologischen Fakultät hatte Papst Martin V. in einer Bulle ausdrücklich untersagt. Erst 1432, nachdem Papst Eugen IV. dieses Verbot aufgehoben hatte, erhielt die Universität auch eine theologische Fakultät.

Als die Stadt Rostock wenige Jahre nach Gründung der **Universität** mit einem päpstlichen Interdikt belegt wurde, zog die Hochschule 1431 unter kirchlichem Druck vorübergehend nach Greifswald. Als sie 1443 wieder nach Rostock verlegt wurde, weigerten sich mehrere Professoren, nach Rostock zurückzukehren. Sie bildeten den Kern der seit 1456 in Greifswald bestehenden Universität.

Schon Ulrich von Hutten hat 1509 in Rostock »Gelehrte jeden Fachs angefunden, mit beschwingtem Geiste und der Freiheit hold«. In den Hörsälen haben der berühmte Astronom Tycho Brahe, der niederdeutsche Schriftsteller Fritz Reuter oder auch Uwe Johnson gesessen. Heinrich Schliemann, als Entdecker von Troja weltberühmt, promovierte an der Rostocker Universität und hier erhielten die Physiker Albert Einstein und Max Planck die Ehrendoktorwürde.

Das widerlegt die (humoristisch aufzufassende) Charakterisierung, die ein Rostocker Dienstmann einmal während einer Gerichtsverhandlung vorbrachte:

Siegel der Universität Rostock unter dem Motto »Traditio et Innovatio«

»Dat kickt ut 'n Finster, dat spuckt up dei Straat, dat süppt Bier, dat deit nicks, un dat is'n Rostocker Student«. (»Das guckt aus dem Fenster, das spuckt auf die Straße, das säuft Bier, das tut nichts und das ist ein Rostocker Student«)

Im 16. und 17. Jahrhundert galt Rostock als »Leuchte des Nordens« und bedeutende Gelehrte sahen in der Universität der Stadt ebenso eine erfolgversprechende Wirkungsstätte, wie Rostocker Professoren in Anerkennung ihrer Leistungen an andere Universitäten berufen wurden. In dieser Zeit ließen sich alljährlich etwa 200 Interessenten in die Matrikel der Universität einschreiben. Die meisten kamen aus Norddeutschland, andere aus Dänemark, Schweden oder dem Baltikum. Nach 1650 verlor die Universität Rostock an Bedeutung. Die Folgen des **Dreißigjährigen Krieges**, die andauernden kriegerischen Auseinandersetzungen im Ostseeraum, vor allem aber die Auflösung der Hanse schwächten ihre Stellung. Die Studentenzahlen sanken mit dem wissenschaftlichen Niveau, Orthodoxie breitete sich dort aus, wo einst wissenschaftliche Kreativität gepflegt worden war. Auch die Universität stand im Spannungsfeld der schon traditionellen Rivalität zwischen der herzoglichen Landesregierung in Schwerin und der Stadt Rostock. Im Jahre 1758 kam es bei einem **Streit** um die Universität zu einem offenen Bruch zwischen Herzog Friedrich und der Stadt Rostock. Daraufhin gründete der Herzog mit der »Fridericiana« eine eigene Universität in Bützow, die bis 1788 Bestand hatte. Beide Universitäten machten sich gegenseitig Konkurrenz und führten ein trauriges Dasein. Dennoch überstand die Universtität Rostock das große Universitätensterben Anfang des 19. Jahrhunderts und wurde zu einem wichtigen Teil des Wissenschaftssystems in Deutschland.

Das wechselvolle Ringen der Universität um das Recht auf Autonomie und die Freiheit der Lehre, die immer wieder vielfältigen kirchlichen und weltlichen Anfechtungen ausgesetzt waren, setzte sich auch im 20. Jahrhundert fort. In der DDR-Zeit wurden der Universität eine staatliche Leitungsstruktur und der Name »Wilhelm Pieck« verordnet. Nach den Ereignissen 1989 nutzte die Universität Rostock die Möglichkeiten eines selbstbestimmten Neubeginns. Ein im Frühjahr 1990 durch Urabstimmung hervorgegangenes, außerordentliches Konzil wählte einen neuen **Akademischen Senat**, bestehend aus 24 Senatoren (acht Professoren, acht Wissenschaftliche Mitarbeiter, vier Nichtwissenschaftliche Mitarbeiter, vier Studenten) sowie einem neuen Rektor. Vom Namen »Wilhelm Pieck« trennte man sich ebenfalls. Die strukturelle und inhaltliche Erneuerung wurde begleitet von der Neugründung zahlreicher Fakultäten, Fachbereiche und Institute, wie beispielsweise die juristische Fakultät, die Fakultät für Ingenieurswissenschaften, das Institut für Romanistik und das Institut für Altertumswissenschaften.

Die Universität heute

Studenten
Im Wintersemester 2010/11 besuchten 15.236 Studenten aus 99 Nationen die Universität Rostock.

Profile
Seit 2007 verbindet die Interdisziplinäre Fakultät Studierende der neun Fakultäten in vier Profilen: »Leben, Licht und Materie«, »Maritime Systeme«, »Erfolgreich Altern« und »Wissen - Kultur - Transformation«.

Kooperationspartner
Die Universität Rostock kooperiert mit 52 Hochschulen in 25 Ländern.

Mensa
Die Mensa der Universität gewann 2003 den Mensawettbewerb der Zeitschrift UNICUM. 2006 und 2007 wurde sie bundesweit Zweiter.

Hochschulsport
Das Angebot des Hochschulsports umfasst mehr als 200 Kurse in 70 Sportarten und wurde 2006 vom Centrum für Hochschulentwicklung bundesweit in der Spitzengruppe bewertet.

Chronik

1160
Rostock wird das erste Mal von dem dänischen Geschichtsschreiber Saxo Grammaticus erwähnt, als dieser von der Zerstörung der slawischen Burg »Roztoc« durch den Dänenkönig Waldemar I. berichtet.

1218
Der ältesten Rostocker Teilstadt (um den Alten Markt) wird das Lübische Recht verliehen.

1252
Borwin III. verkauft der Stadt 6000 Hektar Land, die heutige Rostocker Heide.

1259
Lübeck, Hamburg, Wismar und Rostock gründen die »Hanse«.

1323
Der Rat der Stadt Rostock kauft das Fischerdorf Warnemünde und sichert sich dadurch den freien Zugang zur Ostsee.

Um 1400
Rostock hat zwischen 11.000 und 14.000 Einwohner. Schiffbau, Handel, Handwerk blühen. Die großen gotischen Backsteinbauten entstehen: Kirchen, Klöster, Hospitäler, das Rathaus und die Stadttore.

1419
Gründung der Rostocker Universität.

Auf dieser historischen Ansicht, im Original einem Kupferstich, sind die vielen Hafentore gut zu erkennen. Nahezu jedes von ihnen mündet auf einen eigenen Anleger.

1484 – 1492
Im Verlaufe der so genannten »Rostocker Domfehde« mit bürgerkriegsähnlichen Aufständen versuchen die mecklenburgischen Landesfürsten, mehr Einfluss auf die Geschicke der Stadt zu nehmen.

1531
Beginn der Reformation in Rostock.

1573
Rostock muss durch einen Erbvertrag die Hoheit der mecklenburgischen Herzöge anerkennen.

1618 – 1648
Rostock erleidet während des Dreißigjährigen Krieges große Schäden. Kaiserliche und schwedische Truppen fallen abwechselnd in die Stadt ein und erpressen hohe Kriegskontributionen.

1669
Die Auflösung der Hanse verstärkt den wirtschaftlichen Niedergang der einst mächtigen Handelsstadt.

1677
Im August vernichtet ein verheerender Brand innerhalb von zwei Tagen ein Drittel der Stadt. Von ca. 2000 Häusern innerhalb der Mauern brennen 700 nieder.

1700 – 1763
Im Nordischen und Siebenjährigen Krieg verliert Rostock durch Plünderungen und Kriegskontributionen weiter Einfluss.

1788

In einem neuen Erbvertrag ertrotzt der Rat der Stadt von den mecklenburgischen Landesherren erneut die Anerkennung seiner Privilegien.

Um 1830

Baubeginn auch außerhalb der Stadtmauergrenzen.

1848

Rostock bleibt von den in ganz Deutschland aufflammenden Revolutionsbewegungen so gut wie ausgeschlossen. Selbst die Versuche einer gemäßigten Reform der Stadtverfassung scheitern.

1851

In Rostock wird der erste seegehende Schraubendampfer Deutschlands gebaut, um 1850 zählt Rostock 30.000 Einwohner, der Bevölkerungszuwachs beläuft sich jährlich auf 1000.

1870

Rostock hat mit 378 Schiffen die größte Segelschiffflotte im Ostseeraum.

1890

Gründung der Aktiengesellschaft »Neptun Schiffs- und Maschinenfabrik«, die sich rasch zum wichtigsten Industriebetrieb der Stadt entwickelt.

1918

Am 9. November bildet sich in Rostock ein Arbeiter- und Soldatenrat. Zum ersten Mal wird in allgemeinen, geheimen und freien Wahlen ein neues Stadtparlament gewählt.

1933

Am 23. Februar wird das Rostocker Gewerkschaftshaus von der SA gestürmt.

1942

Da Rostock und Warnemünde durch den Flugzeugbau Zentren der nationalsozialistischen Kriegsproduktion sind, werden sie zur Zielscheibe heftiger Luftangriffe der englischen Royal Air Force. Bei diesen Angriffen finden Hunderte Rostocker den Tod, 40 % der Stadt mit zahlreichen historischen Bauten werden zerstört.

1945

Am 1. Mai rücken sowjetische Truppen auf die Stadt vor und beenden die nationalsozialistische Gewaltherrschaft.

1949

Nach Gründung der DDR wird Rostock im ersten 5-Jahresplan der Volkswirtschaft als Zentrum für die Entwicklung einer eigenen Seewirtschaft ausgewiesen. Die neu gegründete Warnow-Werft entwickelt sich innerhalb kürzester Zeit zur größten Schiffswerft der DDR.

1953

Wie in anderen Städten der DDR kommt es am 17. Juni in Rostock zu Streiks in Betrieben und an der Universität, die jedoch nach kurzer Zeit von den Staatsorganen aufgelöst werden.

Im Gedenken an den 17. Juni 1953

Als Reaktion auf die Ereignisse wurde der 17. Juni in der BRD zum nationalen Gedenkfeiertag (»Tag der deutschen Einheit«) ernannt. Nach der Wiedervereinigung und Verlegung des Feiertages auf den 3. Oktober blieb der 17. Juni als Gedenktag erhalten.

1960
Einweihung der Übersee-, der Schüttgut- und der Ölhafenanlagen. Rostock wird zum bedeutendsten Industriezentrum im Norden der DDR.

1987
Stadt erreicht 250.000-Einwohner-Marke.

1989
Am 19. Oktober setzt sich nach einem Gottesdienst in der Marienkirche ein Demonstrationszug in Bewegung. Dieses Ereignis leitet auch in Rostock das Ende der SED-Herrschaft ein.

1990
Rostock verliert seinen Status als Bezirkshauptstadt und nennt sich wieder Hansestadt.

1991
Die 1. Hanse Sail findet statt und macht die Stadt weit über die Landesgrenzen hinaus zu einem Publikumsmagnet.

Von den »Hafentagen« zur »Sail«

Die erste Hanse Sail fand vom 22. bis 28. Juli 1991 statt, damals noch unter dem Namen »Hanseatische Hafentage«. Von Anfang an ein Erfolg, ist sie heute Bestandteil der Baltic Sail, einer großen Sommerveranstaltung verschiedener Ostseeanrainer. Vom 9. bis 12. August 2012 findet die 22. Hanse Sail statt.

1992
Durch rassistische Ausschreitungen gegen die zentrale Asylbewerber-Aufnahmestelle und ein Ausländer-Wohnheim in Lichtenhagen gerät Rostock in die Negativ-Schlagzeilen.

Lichtenhagen gegen Rassismus

Die Ausschreitungen von Rostock-Lichtenhagen im August 1992 gelten als die massivsten fremdenfeindlichen Ausschreitungen der deutschen Nachkriegsgeschichte. Die zwischen dem 22. und 26. August erfolgten Angriffe auf eine Asylbewerber-Aufnahmestelle und ein Wohnheim machten den Einsatz von fast 3000 Polizisten nötig, die zwischenzeitlich von bis zu sieben Wasserwerfern unterstützt werden mussten. In Folge der Ausschreitungen kam es zu einer intensiven öffentlichen Diskussion, friedlichen Großdemonstrationen gegen Rassismus und der Gründung eines überparteilichen Parteibündnisses »Bunt statt Braun« in Lichtenhagen. Die juristische Verfolgung und Aufarbeitung dauerte bis zu 10 Jahre.

1994 – 1995
Wiederaufbau des St. Petri Turmhelms.

1995
Feierlichkeiten zum 777. Jubiläum der Stadtrechtsbestätigung.

1997
Einwohnerzahl sinkt auf 212.715. Rostock erhält den Zuschlag für die Internationale Gartenbauausstellung im Jahr 2003.

1998

An der Universität Rostock sind zum Wintersemester 1998/99 erstmals über 10.000 Studenten immatrikuliert.

1999

Am 1. Dezember erfolgt der erste Spatenstich zur Warnowquerung.

Ein Tunnel gegen Stress und Stau

Seit den 1960er Jahren gab es Pläne für eine unterirdische Warnowquerung. In den 1990er Jahren wurde die Zunahme des Pendlerverkehrs für die vorhandene Infrastruktur immer problematischer. Zur Minderung der Umweltbelastung und Lärmbelästigung insbesondere während des Berufsverkehrs wurde das Tunnelprojekt im Einschwimm-Absenkverfahren mit vorgefertigten Betonelementen realisiert. Seit der Eröffnung 2003 haben bereits etwa 30 Millionen PKW die Warnow unterquert (Stand Sommer 2012).

2000

Die Anbindung an die A 20 (Rostock – Wismar) wird freigegeben. Sie ermöglicht eine schnellere Erreichbarkeit und ist gleichzeitig eine Entlastung für die Innenstadt.

2001

An der Universität sind 11.000 Studenten aus 43 Nationen immatrikuliert. Seit 1991 sinken die Einwohnerzahlen jährlich um fast 5000 (1991: 244.425; 2001: 197.085). Eröffnung der Hochschule für Musik und Theater im ehemaligen Franziskanerkloster. In der Ostsee wurden vor Markgrafenheide Delphine gesichtet.

2002

Tausende Rostocker stellen das Logo »Ich bin ein Rostocker Olymp« am Strand nach, um für die Austragung der Olympia-Segelwettbewerbe 2012 zu werben.

2003

Die Internationale Gartenbauausstellung IGA Rostock 2003 ist die erste Weltausstellung im Osten Deutschlands und lockt über 2,6 Mio. Besucherinnen und Besucher in den Park an der Warnow. Sie ist zugleich die erste Bundesgartenschau an einem Meer.

Am Rekord vorbei

»Ich bin ein Rostocker Olymp« schaffte es leider nicht ins Guinnesbuch: Die nötige Marke von 35.000 Teilnehmern wurde am 11. August knapp verpasst.

Internationale Gartenbauausstellung

Die Internationale Gartenbauaustellung (IGA) fand im Jahr 2003 in Rostock statt. Auf rund 100 Hektar entstand dafür eine Parkanlage, die auf die Warnow und eine natürliche Kombination von Land- und Wasserelementen ausgerichtet ist. 31 Nationen beteiligten sich mit eigenen Gärten an der Ausstellung. Das Gelände wird noch heute als Park, grünes Klassenzimmer, Veranstaltungs- und Tagungsort intensiv genutzt.

2005

Das Warnemünde Cruise Center wird eröffnet. Rostock-Warnemünde avanciert zum wichtigsten Kreuzschifffahrthafen an der deutschen Ostseeküste.

2006

Mit der Inbetriebnahme des Streckenabschnitts »Platz der Freundschaft – Schröderplatz« wird das umfangreiche Programm der Straßenbahnnetzerweiterung abgeschlossen.

Die Rostocker Straßenbahn AG

1881 als »Mecklenburgische Straßen-Eisenbahn Actien-Gesellschaft« (MSEAG) gegründet, bestimmten bis zur Jahrhundertwende noch Pferdebahnwagen das Stadtbild. Das seit der vollständigen Elektrifizierung um 1904 als »Rostocker Straßenbahn Aktiengesellschaft« (RSAG) firmierende Unternehmen betreibt heute insgesamt 6 Straßenbahn- und 29 Buslinien mit ca. 500 Haltestellen.

2007

Vom 6. bis 8. Juni findet das 33. Gipfeltreffen der G 8 in Heiligendamm statt, 20 Kilometer nordöstlich von Rostock. Ein großer Teil der Begleitveranstaltungen findet in der Stadt selbst statt. Unabhängig davon werden auch zahlreiche Demonstrationen und der Alternativgipfel veranstaltet.

Sicherheit und Ausnahmezustand

Angesichts der konzentrierten Politprominenz wurden in Heiligendamm und Rostock umfassende Sicherheitsmaßnahmen ergriffen. Neben einem 12 Kilometer langen Schutzzaun um den Tagungsort wurden Bewegungsmelder und Kameras installiert. Die 16.000 eingesetzten Polizisten wurden zur Sicherung des See- und Luftraumes von 1100 Soldaten der Bundeswehr unterstützt. Insgesamt rechnete die Landesregierung dafür mit Kosten in Höhe von 92 Millionen Euro.

Zusätzlich galt für den Bereich um den Sperrzaun sowie für den Flughafen Rostock ein Versammlungsverbot.

Tausende Menschen fanden sich zur Zeit des Gipfels ebenfalls in Rostock ein, um in erster Linie friedlich gegen Globalisierung zu demonstrieren.

Am 7. Juni fand unter dem Motto »Stimmen gegen Armut« ein Konzert auf dem IGA-Gelände statt. Künstler wie Herbert Grönemeyer, Seed, Die Fantastischen Vier, Bob Geldof und Die Toten Hosen traten auf. Neben den musikalischen Beiträgen gab es auch Filmvorführungen und Vorträge. Die Künstler appellierten an die Staatschefs der G8 für ein stärkeres entwicklungspolitisches Engagement. Über 70.000 Menschen besuchten die Veranstaltung.

Warnemünde

Rundgang durch Warnemünde
Badetourismus
Ausflüge ab Warnemünde

Warnemünde

Das **Seebad Warnemünde** ist anders als die anderen Ostseebäder, denn eine Seebrücke und eine große Reha-Klinik sucht man hier vergebens. Dafür hat Warnemünde genau das, was den meisten anderen Seebädern fehlt – einen Hafen. Und: In Warnemünde werden nach der Saison nicht die Bürgersteige hochgeklappt.

Warnemünde, urkundlich erstmals 1195 erwähnt, bestand ursprünglich aus einer von dänischen Fischern und Seeleuten gegründeten Siedlung (»Danske Borg«) am Alten Tief. Dies war bis 1487 die einzige schiffbare Zufahrt von der Ostsee in die Warnow – für die Rostocker also ein strategisch bedeutsamer Ort, den sie nur ungern von anderen kontrollieren ließen. So wundert es nicht, dass die Rostocker 1323 nach dem Zurückdrängen der Dänen durch die Mecklenburgischen Fürsten kurzerhand den ganzen Ort Warnemünde kauften. Eine eigenständige Entwicklung Warnemündes oder gar eine Konkurrenz als Hafenstadt wurde dadurch unterbunden. Und das haben die Warnemünder den Rostockern bis heute nicht verziehen. Tatsächlich verboten die Rostocker den Warnemündern jahrhundertelang Schiffbau, Handel, Handwerk und Gewerbe und ließen fast nur **Fischfang** als Erwerbsquelle zu. Zudem mussten die Warnemünder immer zuerst darunter leiden, wenn Rostock in kriegerische Auseinander-

Fachwerkidylle in der Alexandrinenstraße – das ist der südliche Teil des alten »Achtereeg«

setzungen verwickelt war. Der Ort war leicht zu besetzen und die große Hansestadt damit wirtschaftlich schnell unter Druck zu setzen. 1628 ließ Wallenstein hier eine Zitadelle errichten. Ab 1632 erhoben die Schweden am nördlichen Ende des Alten Stromes von allen vorbeifahrenden Schiffen einen Zoll, der den Handel im Rostocker Hafen für Jahrzehnte schwer beeinträchtigte. Erst im Jahre 1867 wurden die auf Warnemünde lastenden Gewerbebeschränkungen gelockert.

Dass Warnemünde dann doch noch mehr wurde als ein »Fischerlager mit Fischerbuden« ist dem aufkeimenden **Badetourismus** zu verdanken, der um 1800 auch Warnemünde als reizvolles Ziel entdeckte. Im Jahr 1900 besuchten bereits 14.000 Badegäste – der Einfachheit halber »Berliner« genannt – das Seebad. Es war schick, hier den Sommer zu verbringen, und das Warnemünder Selbstbewusstsein wuchs.

Tourist-Information

Am Strom 59 (18119), Tel.: 0381-3812222, www.rostock.de; Nov.–April Mo–Fr 10–17 Uhr Sa 10–15 Uhr, Mai–Okt. 9–18 Uhr Sa/So 10–15 Uhr

Rundgang durch Warnemünde

Wir beginnen den Rundgang durch Warnemünde am **Bahnhof**. Am Fischmarkt vorbei, überqueren wir auf der Drehbrücke von 1903 den Alten Strom, der von 1487 an das weiter östlich gelegene Alte Tief als schiffbare Verbindung zwischen Warnow und Ostsee ersetzte. Sehen wir nach links, sind die Einfahrt zum Rostocker Stadthafen sowie das Zollamt von 1891 zu sehen. Zur Rechten befindet sich Warnemündes maritime Flaniermeile **Am Strom**, früher »Vörreeg« (=Vorderreihe) genannt.

Hat man die Brücke passiert, fällt gegenüber die gelbe, traufseitig gebaute **Vogtei** ins Auge. Hier war seit der Ein-

Die Vogtei am alten Strom – heute ist das älteste Gebäude Warnemündes ein touristisches Servicezentrum und beherbergt das »Haus des Gastes«

verleibung Warnemündes durch Rostock der Vogt ansässig, um die Anweisungen des Gewettamtes in Warnemünde durchzusetzen und Gästen Unterkunft zu gewähren. Teile der Vogtei wurden um 1250 als steinerner Palast vom Dänenkönig Erich VI. gebaut. Auf den rund 750 Jahre alten Grundfesten knüpft die Vogtei heute als Haus des Gastes mit Tourist-Information im Anbau an die Traditionen des somit ältesten Warnemünder Gebäudes an – zumindest was die Beherbergung und Beköstigung von Gästen angeht. Küche und Keller mussten, reich gefüllt, auch höchsten Ansprüchen Genüge tun. Anfang des 19. Jahrhunderts gab es hier eine offene Tafel für Badegäste, ein Jahrhundert später zog die Ortsverwaltung hier ein. Das geschichtsträchtige Haus ist vorne zwei-, hinten jedoch eingeschossig, was wahrscheinlich unter Berücksichtigung schwerer Weststürme so angelegt wurde. Übrigens: Heiratswillige können sich hier auch trauen lassen!

Instruktionen des Gewetts von 1604

»Bei nächtlichen Tumulten sollen Vogt und Diener sowie auch die nächsten Nachbarn den Wächtern zu Hülfe kommen und der Vogt soll die Tumultanten bei den Wetteherren zur Anzeige bringen oder auch nach Gelegenheit dieselben in der Vogtei bis auf weiteren Bescheid verwahren lassen; der Vogtei soll er nach seinem besten Vermögen vorstehen und sich rechtzeitig mit Bier und allerhand Viktualien versorgen lassen, damit der fremde Mann und jeder, der bei ihm zu beherbergen oder Mahlzeit zu halten begehrt, für Gebühr traktiert werden kann.«

Gewett meint als Amtsbezeichnung die lokale Polizeibehörde in Form des Gewettsherren.

Das Heimatmuseum in Warnemünde

Die Kirche im neugotischen Stil

Als einzige Stätte in Deutschland erinnert das **Munch-Haus** Am Strom 53 an den Maler Edvard Munch (1863–1944). Der alte Fischerkaten beherbergte den Norweger 1906/07. In dieser Zeit entstand auch sein Gemälde »Alter Mann in Warnemünde«. Heute werden hier wechselnde Ausstellungen moderner Kunst gezeigt. Im Hinterhof ist eine Sammlung musealer Alltagsgegenstände zu bestaunen.

Edvard-Munch-Haus

Am Strom 53 (18119), Tel.: 0381-5486608, www.edvard-munch-haus.de; geöffnet Sa–17 Uhr

Das Heimatmuseum in der Kirchen-/Ecke Alexandrinenstraße informiert über die Entwicklung Warnemündes sowie die Geschichte der Seenotrettung und der Fischerei. Eine originalgetreue Warnemünder »Vörstuw« zeigt die Armut ihrer Bewohner in früheren Zeiten. Viel erinnert auch an den bekanntesten Sohn Warnemündes, den Lotsenkapitän Stephan Jantzen. Im Fischerhaus aus dem Jahre 1767 wird die Lebensweise der Fischer und Seeleute im 19. Jahrhundert lebendig. Auch die Entwicklung des Badewesens in Warnemünde seit 1817 ist anschaulich dargestellt. In einem Nebengebäude sind das Lotsenwesen und die Seenotrettung in einer Dauerausstellung dokumentiert.

Heimatmuseum Warnemünde

Alexandrinenstr. 31 (18119), Tel.: 0381-52667; Mai–Sept. Di–So 10–18 Uhr, Okt.–April Di–So 10–17 Uhr

Wenige Schritte weiter befindet sich Warnemündes zwischen 1866 und 1871 erbaute neugotische **Kirche**. Es ist schon die Dritte in Warnemünde. Ihre Vorgänger standen zwischen Vorder- und Hinterreihe, nahe der Vogtei. Der Schnitzaltar (1475), die Renaissance-Kanzel (1591), der geschnitzte Christophorus (15. Jahrhundert) und teilweise das mit Hausmarken versehene Gestühl wurden in den Neubau integriert. Hinter der Kirche führt die **Mühlenstraße** zur 1866 errichteten, damals noch außerhalb Warnemündes liegenden Mühle, die heute ein interessantes Lokal beherbergt. Die alleeartig angelegte Mühlenstraße hat sich zur kleinen Einkaufsmeile Warnemündes entwickelt.

Übrigens: In Warnemünde gilt die **Bäderregelung**. Dadurch haben zahlreiche Geschäfte auch sonntags geöffnet.

Die hinter der Mühlenstraße entstandene Wohnbebauung der 1920er- und 1930er-Jahre trägt eher urbane Züge. Sie wurde überwiegend für die im Flugzeugbau beschäftigten Arbeiter errichtet. Seit 1912 war in Hohe Düne, am östlichen Ufer der Warnow, der Marineflughafen beheimatet. In den 1920er-Jahren wurden Segelflugzeuge gebaut, in den 1930ern entstand mit den Flugzeugwerken Heinkel, Arado und Bachmann ein neuer und für ganz Rostock bedeutender Industriezweig. Warnemünde, Hohe

Theodor Fontane über Warnemünde

»Warnemünde, seinem Renommee nach eine Art Aschenputtel unter den Badeplätzen, ist gar nicht so übel. Es gibt einen Warnemünder Baustil. Er besteht darin, dass man an die Fronten der Häuser einen Glaskasten anklebt, der, unter den verschiedensten Namen auftauchend, als Balkon, Veranda, Pavillon, doch immer der alte Glaskasten bleibt, wovon das Sein oder Nichtsein aller Gäste und zuletzt auch ganz Warnemündes abhängt. Mit dem Glaskasten steht es oder fällt es. Diese gläsernen An- und Vorbaute geben dem Ort seinen Charakter und dem Badegast sein Behagen. Sie sind wirklich ein Schatz.«

Möwenplastik am Südende des Alten Stroms

Düne und Markgrafenheide wuchsen in dieser Zeit aufgrund der zunehmenden Zahl von Arbeitern schnell.

Gegenüber der Mühlenstraße durchqueren wir den jüngst zum **Stephan-Jantzen-Park** umgestalteten Alten Friedhof und erreichen den **Strandweg**. Wer etwas mehr Zeit nach Warnemünde mitbringt, sollte dem Trubel entfliehen und der Küstenlinie nach links folgen. Schon bald verläuft sich die Promenade in einen kleinen Weg entlang des Küstenwaldes und der immer steiler werdenden Küste. Der Strand unten wird schmaler und steiniger, die Bäume haben sich in ihrem Wachstum der Windrichtung angepasst. Während im Sommer hier FKK-Freunde auf ihre Kosten kom-

Stephan Jantzen

1827 in Warnemünde als Sohn des Lotsenboten Varelius Jantzen geboren, ging Stephan Jakob Heinrich Jantzen mit 14 Jahren als Schiffsjunge zur See. Mit 20 Jahren absolvierte er die Prüfung zum Seesteuermann auf Großer Fahrt. Sieben Jahre lang fuhr er auf drei verschiedenen Rostocker Schiffen. 1856 erwarb er das Patent zum Schiffer auf Großer Fahrt. Als Eigner und Kapitän der Bark »Johannes Kepler« umrundete er zweimal den Erdball. Mit der »Kepler« rettete Jantzen auch 14 Seeleute der portugiesischen Bark »Conceia« bei schwerer See im Juni 1863 vor der nordamerikanischen Küste. Für diese Rettung aus höchster Seenot erhielt Stephan Jantzen vom portugiesischen König den Jesus-Christus-Orden. Im März 1866 berief ihn das »Löbliche Gewett« der Hansestadt Rostock zum Warnemünder Lotsenkommandeur. Eine außergewöhnliche Berufung, denn Jantzen war vorher weder Lotse gewesen, noch hatte er das vorgeschriebene Mindestalter von 40 Jahren erreicht. Dem Kommandeur unterstanden damals 100 Lotsen, die täglich die jeweilige Wassertiefe festzustellen hatten. Sie mussten das Laden und Löschen der Seeschiffe überwachen. Die Lotsen hatten gleichfalls die Aufgabe der Zöllner und Zolleinnehmer zu wahren. 1867 wurde in Warnemünde eine Rettungsstation errichtet – die erste der »Deutschen Gesellschaft zur Rettung Schiffbrüchiger« an der Ostseeküste. Die Lotsen waren auch Rettungsleute und ihr Kommandeur selbstverständlich der »Vormann«. 37 Jahre behielt Jantzen dieses Amt, aus dem er 1903 mit 76 Jahren schied. Bei Rettungen zugezogene Bein- und Ohrenleiden zwangen ihn schließlich zur Aufgabe.

94 Seeleuten hat Jantzen persönlich mit Ruderrettungsbooten das Leben gerettet. Dabei ist er selbst zweimal nur knapp dem Tode entronnen. An seinem ehemaligen Wohnhaus – neben der Lotsenstation am Warnemünder Leuchtturm – ist eine eiserne Tafel zu seinem Andenken angebracht. Im heutigen Stephan-Jantzen-Park (ehemals »Alter Friedhof«) ist sein Grabstein zu finden.

Hans Jürgen Paape

Verwehungen am Strand von Warnemünde: Spuren im Sand nach Windstärke 8

men, ist im Winter kultivierter Naturgenuss angesagt. Die Urgewalten sind zu spüren – in dem Bewusstsein, dass der Autoparkplatz und die nächste Bushaltestelle nur einige Minuten entfernt sind. Spaß macht es auch, auf die Suche nach besonderen Steinen und Muscheln zu gehen. Auf der **Wilhelmshöhe** ist ein beliebtes Ausflugslokal zu finden, richtige Spaziergänger wandern bis zum kleinen Kap **Stolteraa**. Etwas landeinwärts findet man in **Diedrichshagen** ländliche Idylle. Alte Bauernhöfe und Tagelöhnerkaten haben sich in gemütliche Hotels, Pensionen und Lokale verwandelt. Wer Ruhe sucht, wird sie hier, am Rande der Großstadt und in unmittelbarer Nähe zum Meer, bestimmt finden.

Wenn Sie Warnemünde noch besser kennen lernen möchten, wenden Sie sich am Strandweg nach rechts Richtung **Seepromenade**. Das 1971 erbaute, 19-stöckige **Hotel Neptun** dominiert das Bild. Auch außerhalb der Saison kann man hier im neuen Thalasso-Therapie-Center die Seele baumeln lassen.

Dennoch setzt das »Staatlich anerkannte Seebad« Warnemünde auf attraktive touristische Angebote, auch außerhalb der Saison. Unterschiedlichste Kuren werden heute in Warnemünde, vorwiegend von Hotels und den ansässigen Badeärzten, offeriert. Entscheidende Vorteile für die Gesundheit sind vor allem das Seeklima und die reiche natürliche Umgebung Warnemündes. Gerade mit der Wiedemann-Kur, der Thalassotherapie und der Schrothkur erhofft sich Warnemünde auch ein Ansteigen der Kurgäste-Zahlen. Freizeitangebote wie u.a. Hochseeangeln, Eisbaden und natürlich das Segeln locken zusätzlich an den stellenweise über 250 Meter breiten und feinen Sandstrand.

Der zu entrichtende Kurbeitrag dient zur Finanzierung der Strandpflege und -reinigung sowie zur Organisation kultureller Höhepunkte im Seebad.

Neben dem Hotel Neptun steht das 1914–1928 im Bauhausstil errichtete **Kurhaus**, das heute ein Spielcasino beherbergt. Von seinen Terrassen hat man einen unvergleichlichen Blick auf die Promenade, den Strand und die Hafeneinfahrt. Im Kurhaussaal finden ganzjährig unterschiedlichste Veranstaltungen statt. Abwechslung bieten auch das Café und Restaurant, die Discothek oder die zahlreichen Events im neuen, nach historischem Vorbild angelegten Kurhausgarten. Hier bereichern erstklassige Konzerte und Aufführungen das kulturelle Leben Warnemündes.

Kurhaus Warnemünde,
Seestr. 18 (18119), Tel.: 0381-5484474,
www.kurhaus-warnemuende.de

Die Seepromenade ist von pitoresken neoklassizistischen Villen gesäumt. Die Wasserqualität wird durch die nahe liegende Hafenzufahrt nicht beeinträchtigt. Strenge Umweltschutzbestimmungen und aufwändige nationale und internationale Kontrollen auf der gesamten Ostsee bürgen für gesunden Badespaß in der Ostsee, die allerdings selten wesentlich über 20 Grad Celsius warm wird.

Zu Füßen des Leuchtturms findet man das als »**Teepott**« bekannte Café. Nach einem Brand 1945 waren vom Bauhaus-Pavillon nur die Grundmauern stehengeblieben. Das ursprüngliche Kuppeldach, das mit seiner runden Form dem Gebäude den Spitznamen eingebracht hatte, wurde 1968 durch die futuristisch anmutende, hyperbolische Dachkonstruktion ersetzt. Nach vielen Jahren Leerstand ist es nun wieder möglich, von hier aus bei einer Tasse Tee dem Treiben am Meer zuzuschauen.

Am Fuße der alten Lotsenstation, dem »letzten Haus vor Dänemark«, beginnt die 540 Meter lange **Westmole**. Bei stürmischem Wetter von riesigen Wellen oft überspült, ist der Molenkopf mit der Leuchtbake nicht nur beliebtes Ziel von Spaziergängern, sondern auch Tummelplatz für Angler und Fernwehkranke. Mit seinen 32 Meter Höhe ist der

»Teepott« und Leuchtturm – weithin sichtbares Wahrzeichen von Warnemünde

100-jährige **Leuchtturm** ein wichtiger Orientierungspunkt für die Schiffe, die bei schlechtem Wetter und Dunkelheit in den Hafen einlaufen. Den besten Ausblick auf ganz Warnemünde kann man sich von Mai – Oktober selbst erklettern. Bei klarer Sicht geht der Blick nicht nur weit auf die See hinaus, auch die Küstenlinie und Rostock sind gut zu erkennen. Der Alte Strom, die Schiffe und Häuser wirken aus dieser Höhe wie Miniaturen. Die breite Mittelmole mit dem Bahnhof und dem bis 1995 genutzten Fährhafen liegt zwischen Altem und Neuem Strom. Um 1900 wurde diese Hafenzufahrt geschaffen, reichte aber bald nicht mehr aus und musste in den 1950er-Jahren durch den Seekanal ergänzt werden. Die dazwischen gelegene alte Ostmole wurde abgetragen. Die Hafenzufahrt wird verbreitert und soll zukünftig ein gleichzeitiges Ein- und Auslaufen von Schiffen ermöglichen. Die neue Ostmole ist zum Schutz der Hafenzufahrt verlängert und ausgebaut worden. An ihrem Fuß befindet sich das im mediterranen Stil gestaltete Areal des Yachthafens Hohe Düne mit seinen Appartementhäusern und der First-Class-Yachthafenresidenz.

Nach einem Spaziergang über die Westmole fällt die Entscheidung schwer, ob man durch die Alexandrinenstraße oder entlang des Alten Stromes zurück zum Ausgangspunkt dieses Rundganges gehen sollte. Möglich ist allerdings auch das Pendeln zwischen den beiden Straßen, die die Wiege Warnemündes sind. Sie sind nämlich durch die **Querstraßen I – IV**, so genannte Tüschen, die aus Brandschutzgründen zwischen den Fachwerkhäusern angelegt wurden, miteinander verbunden.

In der Vorderreihe **Am Strom** haben sich die ehemaligen Fischerhäuser mit allerlei Geschäften und Restaurants zur Flaniermeile herausgeputzt. In der wärmeren Jahreszeit sind freie Plätze an den Tischen vor den Lokalen nur schwer zu finden.

Die Strandpromenade lädt zum Flanieren ein

Warnemünder Hafenimpressionen

Am Strom (ehemals: Vörreeg – Vorderreihe) wurden die allerersten Häuser in Warnemünde gebaut. Ordentlich nebeneinander aufgereiht wurden ihre Eingänge nach Osten ausgerichtet. So trotzte man dem häufigen Westwind und hatte die Warnow fest im Blick. Die Häuserreihe war bald komplett, so dass der Bau einer zweiten, dahinter liegenden Zeile, der **Alexandrinenstraße** (ehemals: Achtereeg – Hinterreihe), erforderlich wurde. Fischer, Seeleute und Lotsen lebten hier in kleinen Giebelhäusern, die meist aus einfachem Fachwerk bestanden und um die Kosten gering zu halten nur mit Schilf oder Stroh gedeckt waren. Gebaut wurde dicht an dicht, denn die bebaubare Fläche war durch Wanderdünen im Norden und morastigen Boden im Süden begrenzt. Daher hielt man auch nur geringen Abstand zwischen den Häusern – die Tüschen sind höchstens 1½ m breit. Heute bieten diese schmalen Durchgänge idyllische Flecken, die vom lebhaften Treiben der beiden benachbarten Straßen unberührt bleiben. Charakteristisch sind die den Fischerhäusern vorgebauten Veranden. Sie stammen aus der Zeit des aufkommenden Badetourismus, als man Platz für Feriengäste schaffen wollte.

Wenn Sie die hübschen Winkel der Vörr- und Achtereeg durchstreift haben, sind Sie wieder in Sichtweite des Bahnhofes.

Badetourismus in Warnemünde

»Die Gegend um Warnemünde hat übrigens nichts Anziehendes. Der Boden ist sandig und unfruchtbar, trägt kaum die nöthigen Gartenfrüchte, noch weniger Korn.« So beschrieb der Pastor und »Doctor« Wundemann den Ort Warnemünde noch zu Beginn des 19. Jahrhunderts. Zu dieser Zeit wohnten dort nur 750 Einwohner, die in zwei Häuserreihen, der »Vörreeg« und der »Achtereeg«, an der Westseite des Alten Hafens lebten. Doch schon 1817 verbrachte der Rövershagener Forstinspektor Becker gemeinsam mit seiner Familie mehrere Sommerwochen in Warnemünde, um sich vorwiegend dem Badevergnügen zu widmen. Er gilt als

Allerlei Entspannung und Genuss bietet die Warnemünder Promenade

der erste Warnemünder Feriengast und zog bald weitere nach sich.

Seit 1822 wird die Zahl der auswärtigen Badegäste in Warnemünde registriert. Sie vervielfachte sich innerhalb weniger Jahre. Zunächst bauten die Warnemünder ihren Häusern kleine Veranden, so genannte Glaskästen, an, um den Gästen einen Aufenthaltsraum bieten zu können. Kurz darauf boomte der Neubau von Pensionen und Hotels im Villenstil entlangdes Strandes. 1834 wurde das erste Damen- und Herrenbad eingerichtet – im züchtigen Abstand von 100 Metern versteht sich. Treppen führten ins Wasser und an gespannten Leinen konnte man sich festhalten, wenn die Wellen zu hoch schlugen. 1882 gelang dem Warnemünder Korbmacher Wilhelm Bartelmann die bahnbrechende Erfindung des Strandkorbes. Eine rheumakranke Dame hatte ihn um die Fertigung eines Windschutzes gebeten, damit sie trotz

Bedingungen zum Wohlfühlen: Sonne, Strand und Meer an der Ostseeküste

Typisch für deutsche Strände: Strandkörbe

ihrer Krankheit den Aufenthalt am Strand genießen könne. Zunächst handelte es sich um einen Einsitzer, ab 1902 wurden die bis heute gebräuchlichen Zweisitzer hergestellt. Die erste Strandkorbvermietung entstand im Sommer 1883 und heute ist der Strandkorb von deutschen Stränden nicht mehr wegzudenken.

Die weitere Entwicklung des Badewesens in Warnemünde erleichterten ein Postdampfer, der Warnemünde über die Ostsee mit Dänemark verband, sowie der 1886 erfolgte Eisenbahnanschluss. Ernst Heinkel verhalf dem Ort in den 20er-Jahren mit einer in Hohe Düne gebauten Fabrik für Segelflugzeuge zu zusätzlichem Ansehen.

Natürlicher Mitbewohner deutscher Küsten: Möwen

Mit der Fähre in die Welt hinaus

Alle von hier aus verkehrenden Reederein haben ihre Flotten erneuert. Die 45 Kilometer bis ins dänische Gedser (diese Traditionslinie besteht seit über 100 Jahren) bewältigen die Fähren von Scandlines in weniger als zwei Stunden, die Überfahrt nach Trelleborg in Schweden dauert fünfeinhalb Stunden.

Weitere Verbindungen bestehen nach Vetspils (LV), Tallin (ES) und St. Petersburg (RUS).

Von Warnemünde aus erreicht man auf dem Wasserweg nah und fern

Ausflüge ab Warnemünde

Hinter dem Bahnhof sind die Hallen der **Warnemünder Werften** nicht zu übersehen. Wer die Werft- und Hafenanlagen genauer betrachten möchte, sollte eine **Hafenrundfahrt** unternehmen. Neben den seetechnischen Einrichtungen werden während der ca. 1 – 1½-stündigen Fahrt auch die Hafenanlagen des **Seehafens** gezeigt.

Noch jung ist das Warnow-Fährterminal direkt am Ende der A 19. Hier starten die Fähren nach Dänemark, Schweden, Finnland und Lettland.

Mit der Wende verlor der Rostocker Seehafen seine Bedeutung als Tor zur Welt für die DDR und den Ostblock. Vielfältige Bemühungen, gerade auch um den Fährverkehr, haben die Umschlagszahlen in den vergangenen Jahren wieder ansteigen lassen. Besonders gern werden in Warnemünde die Passagiere der großen Kreuzfahrtschiffe willkommen geheißen – immerhin hat sich der Hafen mit fast 200 Anläufen pro Jahr zum größten deutschen Ostseehafen für Kreuzliner etabliert. Auch wenn sie meist nur einen Tag am **Passagierkai** festmachen, bringen sie nicht nur Seereisende mit, sondern locken viele neugierige Besucher an. Viele Gäste der Kreuzfahrtschiffe bummeln durch das Seebad, fahren ins Zentrum der alten Hansestadt, lernen während Busrundfahrten die nähere Umgebung kennen oder fahren mit Sonderzügen weiter nach Berlin.

Wem eine kurze Schiffsfahrt genügt, kann sich in nur wenigen Minuten mit einer Warnowfähre nach **Hohe Düne** übersetzen lassen. Der Ort verdankt seine Entstehung der Marine und dem Flugzeugbau. Heute ist hier immer noch ein Marinestützpunkt zu finden, der zu den modernsten der Deutschen Marine gehört. Der

Strandhafer bestimmt das Bild entlang der Küste von Markgrafenheide

Strand ist hier etwas schmaler als in Warnemünde, wird aber bei schönem Wetter insbesondere von den Einwohnern des Rostocker Nordostens lebhaft bevölkert. Der hier gelegene Ortsteil **Markgrafenheide** war früher vor allem Campern ein Begriff. In jüngster Zeit sind in dem Heideort auch mehrere Hotels entstanden, die sich als Ausgangspunkte für Wanderungen in das Waldgebiet der Rostocker Heide anbieten. Es existieren viele, gut ausgebaute Rad-, Wander- und Reitwege. Seltene Pflanzen- und Tierarten, aber auch die Borwinseiche, Brandts Kreuz, den Garthe Stein und weitere markante Sehenswürdigkeiten gibt es hier zu entdecken. Auch Störtebeker soll hier im Moorhof einen Schlupfwinkel gehabt haben. Und im frisch sanierten Heidegasthof »Schnatermann«, dem früheren Forsthaus, findet der müde Wanderer Erfrischung und Stärkung.

Anstatt mit der alten Strandbahn gelangt man von Markgrafenheide heute mit einem Bus zum Fähranleger zurück, außerdem besteht die Möglichkeit, an Bord eines Fahrgastschiffes nach Markgrafenheide und Warnemünde zu kommen.

Rostocker Heide

Schon 1252 kauften die Rostocker das fast 6000 ha große Waldgebiet im Osten der Stadt, dass sie bis heute zu einem der größten kommunalen Waldbesitzer in Deutschland gemacht hat. Im 18. Jahrhundert wurde mit der planmäßigen Bewirtschaftung des Mischwaldes begonnen. Seit 1994 wurden weiträumige Flächen des in diesem Jahrhundert teilweise auch militärisch genutzten Waldes wiederaufgeforstet. 1996 wurde die gesamte Rostocker Heide zum Landschaftsschutzgebiet erklärt. Neben dem **Forst- und Köhlerhof in Wiethagen** (Infos Seite 72–73) locken Ausflugsziele wie der Schnatermann, Markgrafenheide und Rosenort und laden zu ausgedehnten Spaziergängen durch die Rostocker Heide ein.

Von Warnemünde ist es ebenfalls nicht weit zur besonders schön ausgeprägten Kliffküste beim Naturschutzgebiet »Nienhagener Holz«. Bei einem Spaziergang durch den **»Gespensterwald«** kann man über die bizarren und ungewöhnlich gewachsenen Bäume staunen. Man kommt über Elmenhorst weiter nach Diedrichshagen und erreicht, wenn man sich links hält, bei Geinitzort einen Parkplatz. Hier bildet das Kliff mit 18 Meter nicht nur seinen höchsten Punkt, sondern erstreckt sich auch am weitesten in die See. Dies eröffnet bei klarem Wetter hervorragende Ausblicke auf Nienhagen und Heiligendamm sowie auf das in östlicher Richtung liegende Naturschutzgebiet »Stolteraa« bis nach Warnemünde. Es ist auch möglich, die ganze Strecke auf einem Wanderweg entlang der Küste bis Warnemünde zu Fuß zurückzulegen. Hier verläuft auch der »Astronomische Lehrpfad«. Ein weiterer Lehrpfad »Ostseeküstensaum Warnemünde« wurde zwischen der Warnemünder Westmole und der Stolteraa am Geinitzort eingerichtet.

Reetdächer und Fachwerk prägen Bauweise und Landschaftsbild der Region

Von A bis Z

Informationen von A–Z
Orts- und Sachregister
Impressum

Rostock

Postleitzahl: 18055 bis 18147
Telefon-Vorwahl: 0381

Auskunft

Tourist-Information

Tel.: 3812222, touristinfo@rostock.de, www.rostock.de
Rostock Stadtzentrum, Universitätsplatz 6 (18055); Mai–Okt. Mo–Fr 10–18 Uhr Sa/So 10–15 Uhr, Nov.–April Mo–Fr 10–17 Uhr Sa 10–15 Uhr
Warnemünde, Am Strom 59 (18119); Mai–Okt. Mo–Fr 10–18 Uhr Sa/So 10–15 Uhr; Nov.–April Mo–Fr 10–17 Uhr Sa 10–15 Uhr
Markgrafenheide, Warnemünder Str. 3 (18146); geöffnet von Ende Mai bis Ende August
Cruise Terminal, Am Passagierkai 1 (18119), geöffnet bei Kreuzfahrtanläufen von Mai bis Oktober
Büro Hanse Sail, Warnowufer 65 (18057), Tel.: 3812950, hansesail@rostock.de, www.hansesail.com
Tourismusverband Mecklenburg-Vorpommern e.V., Platz der Freundschaft 1 (18059), Tel.: 4030550, info@auf-nach-mv.de, www.auf-nach-mv.de

Angeltouristik

Angel- und Seetouristik GmbH, Am Bahnhof 5 (18119), Tel.: 5192012, http://angel-seetouristik.de

antaris Seetouristik und Wassersport GmbH, Parkstr. 53 (18119), Tel.: 51394, www.antaris.m-vp.de

Autovermietung

AVIS, Grubenstr. 29 (18055), Tel.: 45828919; St.-Petersburger Str. 50 (18107), Tel.: 7699653

BUCHBINDER, Tessiner Str. 97 (18055), Tel.: 37599999

CARO, Hundsburgallee 9 A (18106); Am Passagierkai (18119), Tel.: 683065

Enterprise, Warnowufer 54 (18057), Tel.: 778940

EUROPCAR, Herweghstr. 51 (18055), Warnowufer 32 (18057), Am Passagierkai 3 (18119), Tel.: 203050

GREENWHEELS, Car sharing mit fünf Standorten (18055), (18057) und (18059), Tel.: 030-31160100

HERTZ, Ostsee-Park-Str. 2 D (18069), Am Passagierkai (18119), Tel.: 81724555

Joyride, Petridamm 22 A (18055), Tel.: 21756

SIXT, Grubenstr. 27 – 29 (18055), Gerhart-Hauptmann-Str. 13 (18055), Trelleborger Str. 9 (18107), Am Passagierkai (18119), Tel.: 0180-6252525

Bootsvermietung

Baltic Windsport, Stadthafen 71 (18057), Tel.: 2009555

Bootscharter Rostock, Schmarl-Dorf (18106), Tel.: 0172-1602522

Bootscharter Warnemünde, Tel.: 01522-4112373

Bootsverleih Markgrafenheide, Warnemünder Str. 6 (18146), Tel.: 7686552

Bootsverleih Mühlendamm, Mühlendamm 36 (18055), Tel.: 0160-6331481

Bootsvermietung Warnemünde, Bootsterrassen, Am Bahnhof (18119), Tel.: 0174-6948899

Charter-MV, Tel.: 0172-3828300

Paddelcenter Rostock, Warnowufer 59 (18057), Tel.: 2034620

Solarboot-Verleih Conrad, Am Strande 2 (18055), Tel.: 2025654

Speedsailing, Warnowufer 58 (18057), Tel.: 6669020

Strandoase Treichel, Georginenplatz 2 (18119), Tel.: 4405435

Wassersport Warnemünde, Strandaufgang 24 (18119), Babane, Jetski, Wakeboard, Tube, Motorboot Tel.: 0173-6109251, Kanu Tel.: 0179-9762929

Yacht Kontor, Am Strande 2 (18055), Tel.: 4900993

Yachtagentur Rostock, Ankerring 8 (18147), Tel.: 7007828

Yachthafen Hohe Düne, Am Yachthafen 1 (18119), Tel.: 50408000

Botanischer Garten

Freigelände: Parkähnliche Anlage mit ca. 8000 Pflanzenarten, Gebirgsanlage mit Japangarten und Tropengewächshaus, Hamburger Str. 28 (18069), Tel.: 4986250, www.garten.uni-rostock.de; Mitte März – Nov. Di – Fr 7 – 18 Uhr Sa/So 9 – 18 Uhr

Campingplätze & Stellplätze für Wohnmobile

Camping- und Ferienpark Markgrafenheide, Budentanntenweg 2 (18146), Tel.: 6610, www.baltic-freizeit.de

Ostseecamp und Ferienpark Rostocker Heide, Wiedortschneise 1 (18181) **Graal-Müritz**, Tel.: 038206-77580, www.ostseecamp-ferienpark.de

Ferien-Camp Börgerende, Deichstr. 16 (18211), Tel.: 038203-81126, www.ostseeferiencamp.de

Eisenbahn

Deutsche Bahn AG, S-Bahn-Verkehr (Güstrow – Rostock Hbf. – Warnemünde), Regional- und Fernverkehr (ICE, IC, EC, RE), Information und Reservierung: Tel.: 0180-6-996633, www.bahn.de

Fahrradverleih

Call a Bike (DB), Rostock Hbf., Albrecht-Kossel-Platz (18055); Bahnhof Warnemünde, Gleis ¾ (18119), Tel.: 069-42727722

Fahrradverleih Brummkreisel, Am Strom 59/Ecke Kirchenstr. (18119), Tel.: 5193666

Fahrradhandlung Dühring, Friedrich-Franz-Str. 54 (18119), Tel.: 5191261

Fahrradverleih Heidehaus, Parkplatz Budentannweg (18146), Tel.: 0173-4712555

Fahrradverleih Warnemünde, Mühlenstr. 35 (18119), Tel.: 5191049; Alexandrinenstr. 117 (18119), Tel.: 77866934

OstseeBike, Kirchenplatz 2 (18119), Tel.: 0170-5282072

Radstation Rostock, Konrad-Adenauer-Platz 4 (18055), Tel.: 2523990

SegTime, Am Bahnhof 10 A (18119), Tel.: 3831465

Warnemünder Fahrradtouristik, Seepromenade, Strandweg (18119), Tel.: 5191955 u. 0162-5655161

Fährverkehr

Fähren nach Skandinavien legen am Warnow-Fährterminal im Seehafen an. Für Warnow-Fähren siehe unter Nahverkehr.

Fähren nach Gedser (DK):
Fahrtdauer: ca. 1.45 Std.
Scandlines, Am Warnowkai 8 (18147), Tel.: 2073317 und 01802-116688, www.scandlines.de

Fähren nach Trelleborg (S)
Fahrtdauer ca. 5.30 Std.
TT-Line, Am Warnowkai 8 (18147), Tel.: 670790, www.TTLine.de
Stena Line, Zum Fährterminal 1 (18147), Tel.: 20355466, www.stenaline.de

Fähren nach Helsinki (FIN):
Fahrtdauer ca. 36 Stunden
Finnlines, Tel.: 1507443

Fernbusse

BerlinLinienBus, ab Rostock ZOB oder Fährhafen u.a. nach Berlin, Kopenhagen und auf den Darß, Tel.: 030-3384480

Eurolines, ab Fährhafen und Dierkower Kreuz nach Berlin und Kopenhagen, Tel.: 06196-2078-501

IC Bus, ab Fährhafen nach Berlin und Kopenhagen, Tel.: 01806-996633

MeinFernbus/FlixBus, ab Rostock ZOB, Warnemünde oder Fährhafen u.a. nach Berlin/Leipzig/Dresden, München, Hamburg/Düsseldorf/Köln/Aachen, Malmö, Tel.: 01805-159915 und 01807-12399123

Postbus, ab Rostock ZOBu.a. nach Hamburg/Köln/Bonn und auf die Insel Usedom, Tel.: 0228-97272797

UBB-Bus, ab Rostock ZOB u.a. Schwerin/Hamburg, Berlin, auf den Darß und Insel Usedom, Tel.: 038378-271555

Flughäfen

Rostock-Laage, Nähe Autobahnkreuz A 19/A20, 30 km zur Innenstadt (18299), Tel.: 01805-007737 (14 ct./min.)

Sonderlandeplatz Purkshof, Nähe B 105, ca. 8 km zur Innenstadt (18182), Tel.: 038202-2111, Voranmeldung erforderlich

Galerien

Artquarium-Produzentengalerie, Barnstorfer Weg 36 (18057), Tel.: 01522-9856377, www.artquarium-rostock.de; Di–Fr 11–18 Uhr Sa 11–14 Uhr
Antik & Kunst am Birnbom, Alexandrinenstr. 30 (18119), Tel.: 548160, www.birnbom.de
Bernstein-Haus, Wollenweberstr. 46 (18055), Tel.: 4900370, www.bernsteinwerkstatt.de; Mo–Sa 10–18 Uhr
Galerie Amberg 13, Amberg 13 (18055), Tel.: 4591222, www.kunstverein-rostock.de; Di–Fr 14–18 Uhr Sa 12–16 Uhr
Klosterformat, Klosterhof 5 (18055), Tel.: 5108577, www.klosterformat.de; Di–Sa 11–18 Uhr
Galerie Möller, Am Strom 68 (18119), Tel.: 52436, www.galerie-moeller.de, Mo–Sa 10–18 Uhr So 13–17 Uhr
Glasperlenhaus, Große Goldstr. 7 (18055), Tel.: 1289392, www.glasperlenhaus.de
Kunsthalle Rostock, Hamburger Str. 40 (18069), Tel.: 3817000, www.kunsthallerostock.de; Di–So 11–18 Uhr
artFuhrmann, Fischerweg 12 (18069), Tel.: 8112991, www.artfuhrmann.de
Seidiges Atelier für Mode- & Textildesign, Friedrich-Franz-Str. 20, Tel.: 51516

Gastronomie

Schnell & lecker

Grillstube Broiler, Seestr. 19 (18119), Tel.: 7770, www.hotel-neptun.de
L'Osteria, Steinstr. 9 (18055), Tel.: 37549844 www.losteria.de
Piazza, Zur Promenade 2 (18119), Tel.: 040-696352585 www.ajaresorts.de
Vapiano, Neuer Markt 9 (18055), Tel.: 37577930, www.vapiano.de
Weinwirtschaft, Neuer Markt 2 (18055), Tel.: 4973249, www.weinwirtschaft-rostock.de

Cafés und Bistros

Alex, Neuer Markt 17 (18055), Tel.: 203760, www.dein-alex.de
Botanica, im Gartenfachmarkt Grönfingers Alt Bartelsdorfer Str. 18 (18146), Tel.: 6092577, www.groenfingers.de
Casablanca, Am Strom 60 (18119), Tel.: 5192722
Central, Leonhardtstr. 212 (18057), Tel.: 4904648, www.cafes-in-rostock.de
Conditorei & Café Röntgen, Seestr. 5 (18119), Tel.: 5193656, www.classic-conditorei.com
Portola, Kröpeliner Str. (18055) 26, Tel.: 4903285, www.portola.de
täglich, Am Strom 109 (18119), Tel.: 5193322,www.bistro-cafe-taeglich.de
Schusters, Seepromenade 2 (18119), Tel.: 7007835, www.schusters-strandbar.de

Fisch

Fischbratküche, Warnowpier 431 (18069), Tel.: 8111221, www.rostocker-fischmarkt.de
Fischerklause, Am Strom 123 (18119), Tel.: 52516, www.fischer-klause.de
Hummerkorb, Am Bahnhof 1 (18119), Tel.: 37557766, www.hummerkorb-warnemuende.de
Gosch Warnemünde, Am Strom 107–108 (18119), Tel.: 52655, www.gosch.de

Seekiste zur Krim, Am Strom 47 (18119), Tel.: 52114, www.seekiste-zur-krim.de
Zur Kogge, Wokrenterstr. 27 (18055), Tel.: 4934493, www.zur-kogge.de

Nationalitätenrestaurants

Bodega de Cervantes, Leonhardtstr. 21 A (18057), Tel.: 2037764
Casa Mia, Am Bahnhof 1 C (18119), Tel.: 2079206, www.casamia-warnemuende.de
Genesis, Gerhart-Hauptmann-Str. 13 (18055), Tel.: 4901390, www.restaurant-genesis.de
Old Western, Lange Str. 23 (18055), Tel.: 4995252, www.old-western.de
Paulo Scutarro, Seestr. 18 (18119), Tel.: 66641626, www.kurhaus-warnemuende.de
Rosmarino, Am Strande 3 (18055), Tel.: 2523090, www.rosmarino-rostock.de

Hausmannskost

Braugasthaus Zum alten Fritz, Warnowufer 65 (18057), Tel.: 208780, www.alter-fritz.de
Brauhaus Trotzenburg, Tiergartenallee 6 (18059), Tel.: 203600, www.brauhaus-trotzenburg.de
Wenzel Prager Bierstuben, Am Bahnhof 1 A (18119), Tel.: 7788131, www.wenzel-bierstuben.de

Edleres

Albert & Emile, Altschmiedestr. 28 (18055), Tel.: 4934373, www.albert-emile.de
Amberg 13, Amberg 13 (18055), Tel.: 4906262, www.altstadtrestaurant.de
Der Butt, Am Yachthafen 1 (18119), Tel.: 50400, www.yhd.de
CarLo 615, Warnowufer 61 (18057), Tel.: 7788099, www.carlo615.de
Hafenrestaurant Borwin, Am Strande 2 A (18055), Tel.: 4907525, www.borwin-hafenrestaurant.de
Herberts, Am Bahnhof 1 C (18119), Tel.: 4405530, www.herberts-warnemuende.de
La Villa, Am Bahnhof 1 B (18119), Tel.: 5109944, www.lavilla-warnemuende.de
Lenk's, Warnowufer 59 (18057), Tel.: 25266566, www.lenks-restaurant.de
Rittmeister Destille, Biestower Damm 1 (18059), Tel.: 6667330, www.rittmeister-destille.de
Teepott, Seepromenade 1 (18119), Tel.: 5485588, www.teepott-restaurant.de
5Elemente, Tessiner Str. 103 (18055), Tel.: 6597400, www.restaurant-5elemente.de

Hafenrundfahrten

Hafenrundfahrten starten ab Stadthafen (Höhe Schnickmannstraße bzw. neben dem Portcenter) und ab Warnemünde (Alter und Neuer Strom). Fahrten in See starten ab Warnemünde (Alter und Neuer Strom). Die Abfahrtszeiten richten sich nach Bedarf und Witterung.

Ab Warnemünde:
MS Baltica, Höhe Leuchtturm, Tel.:: 5106790
Fahrgast-Schifffahrt »Käpp'n Brass«, Höhe Bahnhofsbrücke, Tel.:: 54172
Fahrgast-Schifffahrt Heckmann, Höhe Westmole, Tel.:: 669980
Warnow-Personenschifffahrt, auch ab Markgrafenheide, Tel.:: 7686552

Ab Stadthafen:
Fahrgast-Schifffahrt Thomas Schütt, Tel.: 690953
Personen-Schifffahrt Dieter Schütt, Tel.: 6863172
Rostocker Personenschifffahrt Olaf Schütt, Tel.:: 699962

Hotels und Pensionen

Yachthafenresidenz Hohe Düne, Am Yachthafen 1–8 (18119), Tel.: 50400, www.hohe-duene.de

Hotel Neptun, Seestr. 19 (18119), Tel.: 7770, www.hotel-neptun.de

a-ja Warnemünde. Das Resort, Zur Promenade 2 (18119), Tel.: 040-696352580, www.ajaresorts.de

StrandResort Markgrafenheide, Budentannenweg 10 (18146), Tel.: 778910 www.strandresort.de

Radisson Blu, Lange Str. 40 (18055), Tel.: 37500, www.radissonblu.com

InterCityHotel, Herweghstr. 51 (18055), Tel.: 4950990, www.inter cityhotel.de

Motel One, Schröderplatz 21 (18057), Tel.: 66669190, www.motel-one.com

Penta Hotel, Schwaansche/Kröpeliner Str. (18055), Tel.: 49700, www.pentahotels.com

Steigenberger Hotel Sonne, Neuer Markt 2 (18055), Tel.: 49730, www.rostock.steigenberger.de

Hotel Elbotel, Fritz-Triddelfitz-Weg 2 (18069), Tel.: 80880, www.elbotel.de

Strand-Hotel Hübner, Seestr. 12 (18119), Tel.: 54340, www.strandhotel huebner.de

Hotel Ibis, Warnowufer 42–43 (18057), Tel.: 242210, www.ibishotel.com

Hotel Warnemünder Hof, Stolteraer Weg 8 (18119), Tel.: 54300, www.warnemuender-hof.de

Trihotel – Am Schweizer Wald, Tessiner Str. 103 (18055), Tel.: 65970, www.trihotel-rostock.de

Best Western Hanse Hotel, Parkstr. 51 (18119), Tel.: 5450, www.hanse.bestwestern.de

Hotel Godewind, Warnemünder Str. 5 (18146), Tel.: 609570, www.hotel-godewind.de

Parkhotel Seeblick, Strandweg 12 A (18119), Tel.: 519550, www.parkhotel-seeblick.de

Hotel Ostseeland, Stolteraer Weg 47 (18119), Tel.: 548320, www.hotel-ostseeland.de

Hotel Sportforum, Kopernikusstr. 17 A (18057), Tel.: 1288480, www.hotel-sportforum.de

Hotel Am Alten Strom, Am Strom 60–61 (18119), Tel.: 548230, www.hotel-am-alten-strom.de

Park-Hotel Hübner, Heinrich-Heine-Str. 31 (18119), Tel.: 54340, www.park hotelhuebner.de

Strandhafer Aparthotel, Am Stolteraer Ring 1 (18119), Tel.: 3576570, www.hotel-strandhafer.de

Hotel GreifenNest, August-Bebel-Str. 49 B (18055), Tel.: 8775618, www.greifennest.de

Atrium Hotel Krüger, Ostseepark-Str. 2 (18069), Tel.: 1288200, www.atrium-hotel-krueger.de

Land-gut-Hotel, Albertsdorf Haus 13 (18182), Tel.: 6667666, www.land-gut-hotel.de

Hotel Ziegenkrug, Rostocker Str. 22 (18069), Tel.: 77040, www.ziegen krug.de

Die kleine Sonne, Steinstr. 7 (18055), Tel.: 46120, www.die-kleine-sonne.de

Hotel Citymaxx, Petridamm 1 A (18146), Tel.: 6665570, www.hotel-citymaxx.de

Hotel Markgraf, Warnemünder Str. 1 (18146), Tel.: 669988, www.markgraf-hotel.de

Hotel am Leuchtturm, Am Leuchtturm 16 (18119), Tel.: 54370, www.hotel-am-leuchtturm.de

Landhaus Immenbarg, Groß-Kleiner Weg 19 (18109), Tel.: 776930, www.landhaus-immenbarg.de

Landhaus Dierkow, Gutenbergstr. 5–6 (18146), Tel.: 65800, www.landhaus-dierkow.de

Hotel Bellevue, Seestr. 8 (18119), Tel.: 54333, www.bellevue-warnemuende.de

Kurparkhotel Warnemünde, Kurhausstr. 4 (18119), Tel.: 4402990, www.kurparkhotel-warnemuende.de

Hotel Belvedere, Am Strom 58 (18119), Tel.: 519690, www.belvedere-warnemuende.de

Kurhotel Sanddorn, Strandweg 12 (18119), Tel.: 543990, www.kurhotel-sanddorn.de

Landhotel Ostseetraum, Stolteraer Weg 34 A (18119), Tel.: 5191848, www.ostseetraum.de

Vogel Hotel, Alexandrinenstr. 124 (18119), Tel.: 548310, www.vogel-hotel.de

Villa Ostseegruss, Fritz-Reuter-Str. 4 (18119), Tel.: 543090, www.villa-ahrenshaus.de

Asia Palast, Poststr. 2 (18119), Tel.: 519590, www.asia-palast.com

Jugendunterkünfte

Hanse Hostel, Doberaner Str. 96 (18057), Tel.: 25299980, www.hanse-hostel.de

Jellyfish Hostel, Beginenberg 25 (18055), Tel.: 4443858, www.jellyfish-hostel.com

Jugendherberge Warnemünde, Parkstr. 47 (18119), Tel.: 548170, www.warnemuende.jugendherberge.de

CityHostel Rostock, Kistenmacherstr. 18 A (18055), Tel.: 3757720, www.cityhostel-rostock.de

Gästehaus Rostock, Warnowallee 23–24 (18107), Tel.: 776970, www.gaestehaus-rostock.de

WIROtel smart, Gästewohnungen, Tel.: 45673910, www.rostock-gaestewohnung.de

Internetadressen

www.rostock.de

www.warnemuende.de

Zahlreiche Links zu verschiedenen Themen. Für Touristen besonders interessant: Kultur/Freizeit/Sport (u.a. Museen, Theater, Kino, Veranstaltungsdaten, Kartenvorverkauf) sowie Tourismus/Verkehr (u.a Sehenswürdigkeiten, Baustellenübersicht, Prospektbestellungen)

www.mecklenburg-vorpommern.de

Deutsch- und englischsprachige Informationen zu Regionalpolitik, Institutionen, Städten & Landkreisen, Tourismus u.v.m.

www.auf-nach-mv.de

Informationen, Tipps und Adressen rund um Mecklenburg-Vorpommern

www.m-vp.de

Unter »Sehenswertes« sind z.B. Links wie M-V-Tops, Historische Bahnen, Technische- und Bodendenkmäler, Schlösser, Burgen, Herrenhäuser sowie erstaunliche Fakten in und um M/V zu finden; u.a. mehrere interaktive Karten, Urlaub auf dem Land oder Schullandheime, auch in englischer Sprache

www.ostseeferien.de

Verband Mecklenburgischer Ostseebäder e.V., Uferstr. 2, (18211) Nienhagen, Tel.: 038203-77610

www.ostsee.de

Freizeit-Angebote, Termine u.v.m.

www.hansesail.com

Maritimer Shop, Veranstaltungsinfos, Mitsegelangebote, News

www.wetterwarte-mv.de

Regionale Wettervorhersage, Wassersportwetterbericht und Informtionen über Pollenflug und Biowetter

Medien
www.ostsee-zeitung.de
www.nnn.de
www.nordkurier.de
www.ndr.de
www.antenne-mv.de
www.ostseewelle.de
www.tvrostock.de
www.mv1.tv
www.lohro.de

Internet

Kostenfreie W-LAN-Zugänge in vielen Hotels und Restaurants, bei den Tourist-Informationen in den Innenstadt und in Warnemünde, in der Stadtbibliothek, Kröpeliner Str. 82 (mit kostenfreiem Benutzerausweis), auf dem Neuen Markt, am Universitätsplatz, Am Strande 2 D, Friedrichstr. 1, Georginenstr. 11 und Heinrich-Heine-Str. 1 A

Barka Internet Café, Wismarsche Str 54 (18057), Tel.: 37596549

comtime, Albert-Schweitzer-Str. 24 (18147), Tel.: 693303, www.comtime.de

DSA Internetcafé, Ahlbecker Str. 7 (18107), Tel.: 2554646, www.esport-club.de

LJO Spiel und Internet, Kistenmacherstr. 15 (18055), Tel.: 2523682

Surf-In, Schiffbauerring 59 (18109), Tel.: 1215392

TT eSport-Club, Goethestr. 6 (18055), Tel.: 33791327, www.esport-club.de

Kartenvorverkauf

Veranstaltungskarten lokaler und regionaler Anbieter gibt es auch bei den Tourist-Informationen in Rostock und Warnemünde

FC-Hansa-Fan-Shop, Breite Str. 12 – 15 (18055), Tel.: 21190, www.fc-hansa.de

Goliath Show & Promotion GmbH, Rosa-Luxemburg-Str. 19 (18146), Tel.: 609350, www.goliath-show.de

Musikkontor, Lange Str. 13 (18055), Tel.: 4909815, www.musikkontor.com

Pressezentrum, Neuer Markt 3 (18055), Tel.: 4917979, www.mv-ticket.de

Stadthalle, Südring 90 (18059), Tel.: 4400444, www.messe-und-stadthalle.de

Ticketservice Ostsee-Zeitung, Richard Wagner Str. 1 A (18055), Tel.: 38303017, www.ostsee-zeitung.de

Volkstheater Theaterkasse, Doberaner Straße 134 – 135 (18057), Tel.: 3814700, www.volkstheater-rostock.de

Kinderspaß

Karls Erlebnisdorf, Purkshof 2 (18182), Tel.: 038202-4050, www.karls.de; ganzjährig täglich 8 bis 19 Uhr

Kinderland Rostock, Kösterbecker Str. 5 (18184), Tel.: 038204-76840, www.kinderland-rostock.de; Indoor-Spielplatz

Pandino Spielwelt, Admannshäger Damm 19 (18211), Tel.: 038203-490, www.pandino-mv.de; Indoor-Spielplatz

Robben-Forschungszentrum Warnemünde, Marine Science Center, Hohe Düne, Zum Yachthafen 3 A (18119), Tel.: 50408181; April – Okt. täglich 10 bis 16 Uhr

Kinos

CineStar – Capitol-Filmpalast, Breite Str. 3 (18055) , www.cinestar.de

Cinestar – Der Filmpalast, Lütten Klein, St.-Petersburger Str. www.cinestar.de

Li.Wu. in der Frieda, Friedrichstr. 23 (18057), Tel.: 4903859, www.liwu.de

Li.Wu. im Metropol, Barnstorfer Weg 4 (18057), Tel.: 4903859, www.liwu.de

Ostsee-Welten 5 D, Am Leuchtturm 14 (18119), Tel.: 5105044, www.ostsee-welten.de

Kuren

Tourismuszentrale Rostock und Warnemünde, Am Strom 59 (18119), Tel.: 548000,

Neptun Spa, Thalasso-Vital-Center im Hotel Neptun, Seestr. 19 (18119), Tel.: 777401, www.hotel-neptun.de

Wellness & Spa, Yachthafenresidenz, Am Yachthafen 1 – 8 (18119), Tel.: 50400, www.hohe-duene.de

Literatur

Literaturhaus Kuhtor, im Peter-Weiss-Haus, Doberaner Str. 21 (18055), Tel.: 4925581, www.literaturhaus-rostock.de

Stadtbibliothek Zentralbibliothek, Kröpeliner Str. 82 (18055), Tel.: 3812840, www.stadtbibliothek-rostock.de; Mo/Di/Do/Fr 10 – 18 Uhr Mi 12 – 18 Uhr Sa 10 – 14 Uhr

Stadtteilbibliothek Dierkow, Hannes-Meyer-Platz 7 (18146), Tel.: 690311; Mo/Do 10 – 12 u. 13 – 18 Uhr Fr 10 – 13 Uhr

Stadtteilbibliothek Groß Klein, A.-Tischbein-Str. 48 (18109), Tel.: 1215985; Mo/Di/Do 10 – 12 u. 13 – 18 Uhr

Stadtteilbibliothek Lütten Klein, Warnowallee 30 (18107), Tel.: 3812853; Di/Do/Fr 10 – 12 u. 13 – 18 Uhr

Stadtteilbibliothek Reutershagen, Ernst-Thälmann-Str. 23 (18069), Tel.: 8016113; Mo/Di/Fr 10 – 12 Uhr u. 13 – 18 Uhr

Kurbibliothek, Lesehalle, Kurhausstr. 17 (18119), Tel.: 5191160; Di/Fr 10 – 12 und 13 – 18 Uhr

Museen

Kulturhistorisches Museum im Kloster zum Heiligen Kreuz, Klosterhof (18055), Tel.: 203590, www.kulturhistorisches-museum-rostock.de; Di – So 10 – 18 Uhr. Das Zisterzienserinnenkloster zum Heiligen Kreuz, Kunstschätze, wechselnde Ausstellungen

Kunsthalle Rostock, Hamburger Str. 40 (18069), Tel.: 3817008, www.kunsthallerostock.de; Di – So 11 – 18 Uhr. Deutsche Kunst des 20. Jahrhunderts, wechselnde Ausstellungen

Schiffbau- und Schifffahrtsmuseum, Schmarl-Dorf 40 (18106), Tel.: 12831300, www.schifffahrtsmuseum-rostock.de; Di – So 10 – 18 Uhr. Geschichte des Schiffbaus in Rostock und Mecklenburg, zahlreiche museale Objekte auf dem Außengelände

Heimatmuseum Warnemünde, Alexandrinenstraße 30 – 31 (18119), Tel.: 52667, www.heimatmuseum-warnemuende.de; Mai – Sept. Di – So 10 – 18 Uhr, Okt. – April Di – So 10 – 1 Uhr. Lebensweise der Seeleute und Fischer im vorigen Jahrhundert, Lotsenwesen und Seenotrettung, Entwicklung Warnemündes ab 1817 zum Seebad, Sonderausstellungen

Forschungs- u. Dokumentationsstelle d. Landes zur Geschichte d. Diktaturen in Deutschland, Hermannstr. 34 B (18055), Eingang gegenüber Supermarkt, Tel.: 4985651, www.bstu.bund.de; März – Okt. Di – Fr 10 – 18 Uhr Sa 10 – 17 Uhr, Nov. – Feb. Di – Fr 9 – 17 Uhr Sa 10 – 17 Uhr. Öffentliche Führungen Mi u. Sa 14 Uhr, Original-Zellen, »Freihof«, Ausstellungen

Societät Rostock maritim e.V., August-Bebel-Str. 1 (18055), Tel.: 8579711, www.srm-hro.de; Di – So 10 – 18 Uhr. Maritime Ausstellung und Begegnungsstätte.

Forst- und Köhlerhof Wiethagen, (18182), Tel.: 038202-2035, www.koehlerhof-wiethagen.de; April–Sept. Di–Fr 9–17 Uhr Sa/So 10–17 Uhr, Okt.–März Di–Fr 9–16 Uhr Sa 10–16 Uhr. Forstmuseum, Geschichte der Teerschwelerei in Deutschland und Finnland, Forst-, Jagd- und Naturlehrpfad,

Legenden-Museum.de, Virtuelles Museum, Tel.: 4019736, erreichbar nur über das Internet unter www.legenden-museum.de. Legenden aus Rostock und Mecklenburg-Vorpommern

Leuchtturm Warnemünde, Am Leuchtturm (18119), Tel.: 5192626; Mai–Sept. 10–19 Uhr

Notrufe

Polizei, Tel.: 110

Feuerwehr, Rettungsdienst, Tel.: 112

Gehörlosennotruf, Tel.: 441111

Tierärzte-Notdienst, Tel.: 252770

Giftnotrufzentrale, Tel.: 0361-730730

Frauenhaus, Tel.: 454406

Kindernotdienst, Tel.: 7620435 o. 0800-1414007

Jugendliche in Not, Tel.: 88573

Opferhilfe, Tel.: 4907460

Telefonseelsorge, Tel.: 0800-1110111

Kassenärztl. Bereitschaftsdienst Klinikum Südstadt, Südring 81 (18059), Tel.: 01805-868222455; GDZ Lütten Klein, Trelleborger Str.10 (18107), Tel.: 01805-868222456

Universitäts-Kinderklinik, Ernst-Heydemann-Str. 8 (18057), Tel.: 01805-868222457

Parken

Stadtzentrum, Centrum, City, Doberaner Hof, Fischerbastion, Galerie Rostocker Hof, Am Gericht, Glatter Aal, Hotel Sonne, InterCityHotel, Kaufhof, Kröpeliner Str., Lohmühlenweg, Stadthafen

Zentrumsnah, Barnstorfer Ring (Zoo), Dierkower Allee, Dierkower Kreuz, Katun-Mus-Weg, Marienehe, Mühlendamm, Stadthalle

Warnemünde, Am Passagierkai, Neuer Friedhof, Stadtmitte, Strandweg, Rohrmannsche Koppel, Rostocker Str., Kurhaus

Markgrafenheide, Stubbenwiese

Reiten

Stuthof, Haus 10 (18146), Tel.: 0174-8866309, www.stuthof.de

Reit- und Ferienhof Blohm, Stolteraer Weg (18119), Tel.: 51265, www.reiterhofblohm.de

Fohlenhof Biestow, Damerower Weg 8 (18059), Tel.: 0162-6542202, www.fohlenhof-biestow.de

RostockCARD

RostockCARDsmart, Erlebnisticket für 24 incl. freiem Eintritt in Rostocker Museen, Stadt- und Radführungen, Audioguide, Sportangeboten und Ganzjahresrabatten p. P. 7 Euro

RostockCARD, Erlebnisticket für 24 oder 48 Std. incl. o. a. Angebote und gültig für Nutzung des öffentlichen Nahverkehrs p. P. 12 Euro (24 Std.) bzw. 16 Euro

RostockCARD+Region, Nutzung aller Vorteile in der gesamten Region p. P. 17 Euro (24 Std.) bzw. 27 Euro

Informationen: Tourist-Information, Tel.: 3812222, www.rostock.de/rostockcard

Sportstätten (Auswahl)

DKB-Arena (Ostseestadion), Kopernikusstr. (18057), Fußballkarten im

Hansa-Fanshop, Breite Str., Tel.: 21190 sowie in OZ-Verlagshäusern.

Eishalle, Schillingallee (18057), Tel.: 491990, www.eishalle-rostock.de

OSPA Arena, Tschaikowski-Str. 45 (18057), Tel.: 33737224

Sportzentrum Schwanenteich, Kuphalstr. 77 A (18069), Tel.: 8002900, www.fsrz.de

Holiday City Center, Industriestr. 10 (18069), Tel.: 20760, www.hccrostock.de

Bowling

City-Bowling, Wismarsche Str. 58 (18057), Tel.: 4443684, www.city bowling-rostock.de

Ostsee-Bowling, Alte Bahnhofstr. 10 (18119), Tel.: 51316, www.ostseebow ling.de

Bohle + Bowling-Center, Stockholmer Str. 1 (18107), Tel.: 4405070, www.bohle-bowling-center.de

Bowlmy, Juliot-Curie-Allee 49 (18147), Tel.: 67078855, www.bowlmy.de

HCC Rostock, Industriestr. 10 (18106), Tel.: 20760, www.hccrostock.de

Schwimmen

Hallenschwimmbad »Neptun«, Kopernikusstr. 17 (18057), Tel.: 3816850, www.rostock.de/neptunschwimmhalle

AQUA im Trihotel, Tessiner Str. 103 (18055), Tel.: 65970, www.trihotel-rostock.de

Schwimmhalle Gehlsdorf, Steuerbordstr. 7 (18147), Tel.: 6661345, www.sportpark-gehlsdorf.de

Flussbad, Mühlendamm 36 (18055), Tel.: 1289920, www.lederhexen-ev.de

Seebad, Zur Promenade 2 (18119), Tel.: 202712728, www.seebad.de

Stadtführungen

Stadtführungen durch das Stadtzentrum, (Dauer: 1,5 Std.); Mai–Okt. Mo–Sa 14 Uhr So 11 Uhr, zusätzl. Mai–Sept. Do 18 Uhr (ohne Erm.), Nov.–April Sa 14 Uhr; 5 Euro p. P., mit Kurkarte nur 3 Euro, mit RostockCARD und für bis zu 3 Kinder unter 12 Jahren in Begleitung Erwachsener kostenfrei; ab Tourist-Information Stadtzentrum

Stadtführungen durch Warnemünde, (Dauer: ca. 1,5 Std.); April–Okt. Di 18 Uhr Do u. Sa 11 Uhr, Nov.–März Sa 11 Uhr; Preise s. o.; ab Tourist-Information Warnemünde

Rostock-Stadtrundfahrt, im Panoramabus; ab Tourist-Information Stadtzentrum

Rostocker Greif Express, etwa einstündige Stadtrundfahrt im Panoramabus durch die Innenstadt, Tel.: 25222944, www.rostocktouristik.de

Rostock City Tour, Stadtrundfahrten im gelben Doppeldeckerbus von Mai bis September, Tel.: 77088393, www.stadtrundfahrten-rostock.de

Stadtabenteuer per GPS, Schnitzeljagd durch Rostock; ab Tourist-Information Stadtzentrum, www.natur abenteuer-mv.de

Stadtpaddeln Rostock, Tel.: 0176-62001132, www.stadtpaddeln-rostock.de

Nachtwächterführung, durch die östliche Altstadt; ab St.-Petri-Kirche/Alter Markt, Tel.: 25222944, www.hansetouristik.de

Leuchtturmwärterrundgang, durch Warnemünde; ab Leuchtturm, Am Leuchtturm 1, Tel.: 25222944, www.hansetouristik.de

Rostock exklusiv, Stadtrundgänge und Rundfahrten, Tel.: 1218852

Fiete Fischkopps Fischerrundgang, durch Warnemünde; Tel.: 015255333929, www.fietefischkopp.de

Studententreffs

Zwischenbau, Erich-Schlesinger-Str. 19 A (18059), Tel.: 3778737, www.zwischenbau.com

LT-Klub, Tiergartenallee 1 (18059), Tel.: 1216553, www.lt-club.de

ST-Klub, Albert-Einstein-Str. 2 (18059), Tel.: 445030, www.stclub.de

Studentenkeller, Universitätsplatz 5 (18055), Tel.: 455928, www.studenten keller.de

SUMPF – Studentenklub Seefahrt, Richard-Wagner-Str. 31 (18119), Tel.: 5193558, www.sumpf.club

Theater

Volkstheater Rostock, mit den Spielstätten im Großen Haus (Großer Saal, Maschinenraum, Vorderdeck, Bug, Heck, Zwischendeck und Innentreppe), Kleine Komödie Warnemünde und sieben Außenspielstandorten, Doberaner Str. 134–135, (18057), Tel.: 3814700, www.volkstheater-rostock.de

Compagnie de Comédie, Bühne 602, Warnowufer 55 (18057), Tel.: 2036084, www.compagnie-de-comedie.de

Hochschule für Musik und Theater, Beim St.-Katharinenstift 8 (18055), Tel.: 51080, www.hmt-rostock.de

Schauwerk, Warnowufer 65 (18057), Tel.: 87754955, www.schauwerk-rostock.de

Jüdisches Theater Mechaje, Lange Str. 9 (An der Oberkante) (18055), Tel.: 2524692, www.mechaje.de

Verkehr

Tarifsystem des Verkehrsverbundes Warnow, Tarifzonen mit Tageskarten, Wochenendkarten und Kurzstreckentarifen. Tickets sind an Fahrscheinautomaten an den Haltestellen bzw. in den Fahrzeugen erhältlich.

Rostocker Straßenbahn AG, Straßenbahnen und innerstädtischer Omnibusverkehr, Info-Tel.: 8021900, www.rsag-online.de

REBUS Regionalbus, Zentraler Omnibus-Bahnhof, Tel.: 4056018, www.rebus.de

Deutsche Bahn AG, DB Regio, S-Bahn-Verkehr nach Warnemünde, Güstow, Info-Tel.: 01806-996633

Reisezentrum Rostock Hbf., Konrad-Adenauer-Platz 4 (18055), Tel.: 2401308; Mo–Fr 5.30–21 Uhr Sa 5.30–20 Uhr So 5.30–21 Uhr

Verkehrsverbund Warnow, Tel.: 4923696 (Informationen zu Regionalverkehr und Tarifen), www.verkehrs verbund-warnow.de

Fährverkehr

Weiße Flotte GmbH, Tel.: 519860, Fährverkehr: Warnemünde – Hohe Düne, www.weisse-flotte.com

antaris GmbH, Fährverkehr: Kabutzenhof – Gehlsdorf, Tel.: 51394, www.antaris.m-vp.de

Warnowtunnel, mautpflichtige Verbindung zwischen Ost- und Westufer der Warnow, Tel.: 6372231, www.warnowquerung.de

Zimmervermittlungen

Bei der **Tourist-Information Stadtzentrum**, **Tourist-Information Warnemünde** sowie **Zimmerbörse**

Rostock, Lange Str. 27 (18055), Tel.: 454444, www.zimmerboerse.de

Warnemünder Zimmervermittlung und Reisedienst, Am Bahnhof 8 (18119), Tel.: 5190088, www.warnemuender-zimmervermittlung-reiseservice.de

Zimmerbörse Warnemünde, Friedrich-Franz-Str. 1 (18119), Tel.: 5486384

Ostsee-Zimmerbörse, Poststr. 39 (18119), Tel.: 1218802, www.ostsee-zimmerboerse.de

Zoo

Zoologischer Garten, Barnstorfer Wald, Rennbahnallee 21 (18059), Tel.: 20820, Eingang Trotzenburg (Tiergartenallee, Straßenbahn L 3 u. 6, Bus L 28) tägl. 9 – 17 Uhr (Kassenschluss 16 Uhr) April – Sept. 9 – 19 Uhr (Kassenschluss 17 Uhr), www.zoo-rostock.de

Bad Doberan

Postleitzahl: 18209, Vorwahl 038203

Informationen

Tourist-Information Bad Doberan/ Heiligendamm, Severinstr. 6 (18209), Tel.: 62154, www.bad-doberan.de; 15. Mai – 15. Sept. Mo – Fr 9 – 18 Uhr Sa 10 – 15 Uhr, 16. Sept. – 14. Mai Mo/Di/ Mi/Fr 9 – 16 Uhr Do 9 – 18 Uhr

Eisenbahn

Deutsche Bahn AG, RegionalExpress-Verbindungen nach Wismar, Rostock und Tessin, Information und Reservierung: Tel.: 01806-996633, www.bahn.de

Mecklenburgische Bäderbahn Molli GmbH & Co., Erlebnis-Schmalspurbahn an der Ostsee, ganzjährig fahrplanmäßig verkehrende Dampfzüge, historischer Wagenpark einschließlich Salon- und Büfettwagen, Ausbildung zum Ehren-Lokführer, Ehren-Bahnhofsvorsteher, Ehren-Zugschaffner, Lok-Mitfahrten auf dem Führerstand, www.molli-bahn.de

Schmalspurbahn- und Busverkehr, Bad Doberan – Heiligendamm – Kühlungsborn, Haltepunkte in Bad Doberan: Bahnhof, Stadtmitte, Goethestr., Am Bahnhof (18209), Tel.: 31331

Fahrradverleih

Zweirad-Service Jürß, Rostocker Str. 6 (18209), Tel.: 63804

Zweirad Harder, An der Krim 3 (18209), Tel.: 12738, www.fahrrad-harder.de

Freizeitangebote

Kornhaus Bürgerkommunikationszentrum, Klosterhof 1 (18209), Tel.: 62280, Kreativangebote für Groß und Klein, www.kornhaus-baddoberan.de

Sport-Freizeithaus, Am Walkmüller Holz 13 (18209), Tel.: 16041, www.sport-freizeithaus.de

Sommerrodelbahn, Stülower Weg 70 (18209), Tel.: 407401, www.sommerrodelbahn-dbr.de

Kamp-Theater, Severinstr. 4 (18211), Tel.: 62413, www.kino-doberan.de

Stadtbibliothek, Verbindungsstr. 14 (18211), Tel.: 62508; Mo/Fr 10 – 16 Uhr Di/Do 14 – 18 Uhr Mi 13 – 16 Uhr

Ehm-Welk-Haus, Wohn- und Arbeitsstätte des Schriftstellers Ehm Welk, Dammchaussee 23 (18211), Tel.: 62325, Di/Do 13 – 15 Uhr

Stadt- und Bädermuseum »Möckelhaus«, Beethovenstr. 8 (18211), Tel.: 62026, www.stadtmuseum.moeckelhaus.de; 15. Mai–15. Sept. Di–Fr 10–17 Uhr Sa/So 12–17 Uhr, 16. Sept.–14. Mai Di–Fr 10–16 Uhr Sa 12–16 Uhr

Galerien

Galerie PurPur, Klaus-Groth-Str. 14 (18209), Tel.: 62832

Galerie Roter Pavillon, Am Kamp (18209), Tel.: 12404, www.roter-pavillon.de

Keramikwerkstatt Jürgen Reich, Am Stegebach 11 (18209), Tel.: 13953, www.keramik-reich.de

Galerie Severina, Severinstr. 12 (18209), Tel.: 18577, www.galerie-severina.de

Kunsthof, Am Markt 3 (18209), Tel.: 0179-4517267, www.kunsthof-bad-doberan.de

Porzellanstudio Glashagen, Ausbau 4 (18211), Tel.: 65814, www.porzellanstudio-glashagen.de

Jungbrunnen, Ausbau 7–8 (18211), Tel.: 62253, www.jungbrunnen.biz

Hotels und Pensionen (Auswahl)

Hotel Friedrich-Franz-Palais, August-Bebel-Str. 2 (18211), Tel.: 779290, www.hotel-friedrich-franz-palais.de

Hotel Prinzenpalais, Alexandrinenplatz 6 (18211), Tel.: 73160, www.prinzen-palais.de

Hotel Doberaner Hof, Alexandrinenplatz 4 (18211), Tel.: 74740, www.hotel-doberaner-hof.de

Hotel-Pension Bellevue, Eickhöfer Weg 7 (18209), Tel.: 62970, www.hotelpension-bellevue.de

Pension Am Fuchsberg, Am Fuchsberg 7 A (18211), Tel.: 63474, www.pensionamfuchsberg.de

Ostsee-Pension »An der Lindenallee«, Dammchaussee 64 (18211), Tel.: 728102, www.ostseepension.com

Pension Eikboom, Eikboomstr. 8 (18211), Tel.: 14403

Pension Schwark, Am Dorfteich 4 (18211), Tel.: 91060, www.pension-schwark-bad-doberan.de

Pension Marten, Clara-Zetkin-Str. 36 (18211), Tel.: 427700, www.pension-marten.de

Kuren

Moorbad Bad Doberan, Schwaaner Chaussee 2 (18211), Tel.: 930, www.moorbad-doberan.de

Stadtführungen

Über die Tourist-Information, Severinstr. 6 (18211), Tel.: 62154

Zimmervermittlungen

Tourist-Information, Severinstr. 6 (18211), Tel.: 62154

Marten, Clara-Zetkin-Str. 36 (18211), Tel.: 427700, www.zvm-marten.de

Heiligendamm

Postleitzahl: 18209, Vorwahl: 038203

Fahrradverleih

Kempka, Gartenstr. 18 (18209), Tel.: 7190

Ostsee-Bungalowsiedlung, Seedeichstr. 18 (18209), Tel.: 62996

Hotels und Pensionen

Grand Hotel Heiligendamm, Prof.-Dr.-Vogel-Str. 6 (18209), Tel.: 7400, www.grandhotel-heiligendamm.de

Gästehaus Kupka, Kühlungsborner Str. 13 (18209), Tel.: 13369

Gästehaus Koch Haus »Seemöwe«, Gartenstr. 1 A (18209), Tel.: 63882, www.urlaub-in-heiligendamm.de

Kuren

MEDIAN Klinik, Zum Strand 1 (18209), Tel.: 440, www.median-kliniken.de

Fischland – Darß – Zingst

Informationen

www.fischland-darss-zingst.de
Die offizielle Website des Tourismusverbandes Fischland-Darß-Zingst e.V. bietet einen kompakten Blick auf die Region.

www.entdeckemv.de
Ein interaktives Gastgeberverzeichnis mit touristischen Informationen und einem aktuellen Veranstaltungskalender, erstellt vom Call Center.

Überregionale Verbände

Verband Mecklenburgischer Ostseebäder e.V., Kühlungsborner Str. 4 (18209), Tel.: 038303-62120

Tourismusverband Mecklenburg-Vorpommern e.V., Platz der Freundschaft 1 (18059), Tel.: 0381-4030500

Tourismusverband Fischland-Darß-Zingst e.V., Barther Str. 31 (18314), Tel.: 038324-6400, info@ tv-fdz.de

Örtliche Auskünfte

Barth-Information, Am Markt 44 (18356), Tel.: 038231-2464

Kur- und Tourist-GmbH Darß, Kurverwaltung Born, Chausseestr. 73 B (18375), Tel.: 038234-50421

Kurverwaltung Ostseebad Ahrenshoop, Kirchnersgang 2 (18347), Tel.: 038220-666610

Kurverwaltung Ostseebad Dierhagen im »Haus des Gastes«, Ernst-Moritz-Arndt-Str. 2 (18347), Tel.: 038226-201

Kur- und Tourismusbetrieb Prerow, Gemeindeplatz 1 (18375), Tel.: 038233-6100

Kurverwaltung Ostseebad Wustrow, Ernst-Thälmann-Str. 11 (18347), Tel.: 038220-251

Gästeinformation der Kur- und Tourismus GmbH Zingst, Seestr. 56–57 (18374), Tel.: 038232-81521

Stadtinformation Ribnitz-Damgarten, Am Markt 14 (18311), Tel.: 03821-2201

Kur- und Tourist-GmbH Darß, Kurverwaltung Wieck, Bliesenrader Weg 2 (18375), Tel.: 038233-201

Baden

Zu den regionalen Besonderheiten gehört die Freizügigkeit am Strand und beim Baden. Traditionell sind in Ahrenshoop und am Weststrand des Darß die Grenzen zwischen den so genannten Textilstränden und den FKK-Stränden fließend. Auf eine besondere Abgrenzung wird seit einigen Jahren verzichtet. Alle Ostseebäder haben ausgeschilderte Strandabschnitte, die von Mitgliedern der DLRG überwacht werden. Unbewachte Strandabschnitte sind als solche gekennzeichnet.

Nationalpark

Nationalparkamt Vorpommersche Boddenlandschaft Born, Im Forst 5 (18375), Tel.: 038234-5020

Darßer Arche – Nationalpark- und Gästezentrum Wieck, Bliesenrader Weg 2 (18375), Tel.: 038233-70380, www.darsser-arche.de

Informationszentrum Barhöft, unmittelbar am Barhöfter Kliff mit Blick über den Bodden bis nach Hiddensee; Mai – Okt. 10 – 17 Uhr, Nov. – April Mi, Sa u. So 10 – 16 Uhr

Informationsausstellung Born, auf dem Gelände der ehemaligen Oberförsterei, Chausseestr. 64 (18375); Mai – Okt. tägl. 10 – 16 Uhr, Nov. – April Di – Sa 10 – 16 Uhr

Informationsausstellung Sundische Wiese, Ausgangspunkt für Wanderungen nach Pramort; April – Sept. tägl. 10 – 17 Uhr, Okt. – März tägl. 10 – 16 Uhr

Graal-Müritz

Postleitzahl: 18181
Telefon-Vorwahl 038206

Informationen

Tourismus und Kur GmbH Seeheilbad Graal-Müritz, Rostocker Str. 3 (18181), Tel.: 7030, www.graal-mueritz.de

Eisenbahn

Deutsche Bahn AG, RegionalBahn-Verbindungen nach Rostock. Information und Reservierung: Tel.: 01806-996633, www.bahn.de

Fahrradverleih

Fahrradverleih Thon, Lange Str. 29 (18181), Tel.: 79805, www.fahrrad-thon.de

Fahrradverleih Kaßner, Ribnitzer Str. 39 (18181), Tel.: 77252

Hotels und Pensionen (Auswahl)

Caféstübchen Witt, Am Tannenhof 2 (18181), Tel.: 77221, www.pension-cafe-witt.m-vp.de

Evangelische Familienferienstätte Haus Wartburg, Alexandrastr. 1 (18181), Tel.: 7080, www.haus-wartburg.de

Villa Baltica, Fritz-Reuter-Str. 6 (18181), Tel.: 13681, www.baltia-hotel.de

Hotel Heiderose, Kurstr. 15 (18181), Tel.: 1410, www.haus-heiderose.de

Hotel Kähler, Zur Seebrücke 18 (18181), Tel.: 79806, www.hotel-kaehler.de

Hotel Ostseewoge, Zur Seebrücke 35 (18181), Tel.: 710, www.ostseewoge.de

Hotel Residenz an der Seebrücke, Zur Seebrücke 34 (18181), Tel.: 74470, www.residenz-hotel-graal-mueritz.de

Strandhotel Deichgraf, Strandstr. 61 (18181), Tel.: 138413, www.strandhoteldeichgraf.com

Hotel Waldperle, Parkstr. 9 (18181), Tel.: 1470, www.hotel-waldperle.m-vp.de

IFA Grand Hotel, Waldstr. 1 (18181), Tel.: 730, www.ifa-graal-mueritz-hotel.com

Villa Strandkorb, Strandstr. 10 (18181), Tel.: 7000, www.villa-strandkorb.de

Pension Am Tannenhof, Am Tannenhof 4 (18181), Tel.: 79288

Seehotel Düne, Strandstr. 64 (18181), Tel.: 13990, www.seehotel-duene.de

Pension Haus am Meer, Zur Seebrücke 36 (18181), Tel.: 7390, www.pension-haus-am-meer.de
Pension Harder/Haus Waldesblick, Zur Seebrücke 24 (18181), Tel.: 77353, www.pensionharder.de
Hotel Malta, Strandstr. 36 (18181), Tel.: 869195, www.haus-malta-graal-mueritz.de
Hotel Störtebeker, Strandstr. 22 (18181), Tel.: 149933, www.gruppenreise.net
Strandhotel, Zur Seebrücke 28 (18181), Tel.: 88606, www.strandhotel-graal-mueritz.de
Pension Zur Ostsee, Strandstr. 42 (18181), Tel.: 77254, www.pension-zur-ostsee.m-vp.de
Pension Haus »Idyll«, Mittelweg 1 (18181), Tel.: 77643, www.pension-idyll.m-vp.de
Villa Edda, Fritz-Reuter-Str. 7 (18181), Tel.: 1530, www.villa-edda.de

Kino

Haus des Gastes, Rostocker Str. 3 (18181), Tel.: 7030, www.ostseekino-graal-mueritz.de; jeden Mi u. So

Kuren

AKG Reha-Zentrum, mit Fachklinik Strandperle Mutter-Kind-Klinik Schwarzheide und Kinderklinik Tannenhof, Rostocker Str. 1, Tel.: 83000, www.akg-rehazentrum.de
Fachklinik f. Onkologie u. Ganzheitsmedizin, Lindenweg 16–17, Tel.: 750, www.krebsrehaklinik.de
ASB, Mutter-Kind-Therapiezentrum, Strandstr. 22, Tel.: 741000, www.asb-therapiezentrum.de

Literatur

Bäderbibliothek im Haus »Ithaka«, Fritz-Reuter-Str. 17, Tel.: 77241; Mo u. Do 9–11.30 u. 13–16.30 Uhr Di 9–11.30 u. 13–19 Uhr Fr 9–12 Uhr

Museum

Heimatstube, Parkstr. 21 (18181), Tel.: 599

Sport

Bowling Hotel Waldperle, Parkstr. 9 (18181), Tel.: 1470, www.hotel-waldperle.de; Mo–Do 17–24 Uhr Fr–So 17–1 Uhr

Zimmervermittlungen

Tourismus und Kur GmbH, Rostocker Str. 3 (18181), Tel.: 7030
Strandsommer Ferienwohnungen, Lange Str. 31 (18181), Tel.: 74722, www.strandsommer.de
Reisebüro Schulz, Lange Str. 28 (18181), Tel.: 77250

Güstrow

Postleitzahl: 18273
Telefon-Vorwahl: 03843

Informationen

Fremdenverkehrsverein Güstrow e.V., Franz-Parr-Platz 10 (18273), Tel.: 681023, www.guestrow-tourismus.de

Galerien und Museen

Museum im Renaissance-Schloss, Franz-Parr-Platz 1 (18273), Tel.: 7520, www.schloss-guestrow.de; April – 14. Okt. Di – So 10 – 17 Uhr

Gertrudenkapelle – Ernst Barlach-Stiftung, Gertrudenplatz 1 (18273), Tel.: 683001, www.ernst-barlach-stiftung.de; April – Okt. 10 – 17 Uhr, Nov. – März 11 – 16 Uhr

Atelierhaus und Austellungsforum am Inselsee – Ernst Barlach-Stiftung, Heidberg 15 (18273), Tel.: 844000, www.ernst-barlach-stiftung.de; April – Okt. 10 – 17 Uhr, Nov. – März 11 – 16 Uhr

Museum der Stadt Güstrow, Franz-Parr-Platz 10 (18273), Tel.: 769120, Mai – Sept. Mo – Fr 9 – 19 Uhr Sa 10 – 17 Uhr So 11 – 17 Uhr, Okt. – April Mo – Fr 9 – 18 Uhr Sa 10 – 16 Uhr So 11 – 16 Uhr

Natur- und Umweltpark, Verbindungschaussee (18273), Tel.: 6999510, www.nup-guestrow.de; April – Okt. 9 – 19 Uhr, Nov. – Feb. 9 – 16, März 9 – 18 Uhr

Hotels und Pensionen (Auswahl)

Ringhotel Altstadt, Baustr. 8 – 10 (18273), Tel.: 7800, www.nordik-hotels.de

Hotel am Schloßpark, Neuwieder Weg (18273), Tel.: 245990, www.gaestehaus-guestrow.de

Hotel Am Tierpark, Verbindungschaussee 7 (18273), Tel.: 7800, www.nordik-hotels.de

Hotel »Kurhaus am Inselsee«, Heidberg 1 (18273), Tel.: 8500, www.kurhaus-guestrow.de

Hotel/Restaurant »Weinberg«, Bölkower Str. 8 (18273), Tel.: 83330, www.weinberg-hotel.de

Hotel & Pension »Villa Camenz«, Lange Stege 13 (18273), Tel.: 24550, www.villa-camenz.de

Kühlungsborn

Postleitzahl: 18225, Vorwahl: 038293

Informationen

Touristik-Service Kühlungsborn, Ostseeallee 19 (18225), Tel.: 8490, www.kuehlungsborn.de

Camping

Campingpark Kühlungsborn, Waldstr. (18225), Tel.: 7195, www.topcamping.de

Eisenbahn

Mecklenburgische Bäderbahn Molli GmbH, Schmalspurbahn- und Busverkehr Kühlungsborn – Heiligendamm – Bad Doberan, Haltepunkte in Kühlungsborn: Kühlungsborn West mit Molli-Museum, Mitte, Kühlungsborn Ost, www.molli-bahn.de

Galerie

Kunsthalle, Ostseeallee 48 (18225), Tel.: 7540, www. kunsthalle-kuehlungsborn.de; Di – So 12 – 18 Uhr

Hotels und Pensionen

Apart-Hotel Aquamarin, Hermannstr. 33 (18225), Tel.: 4020, www.hotel-aquamarin.de

Morada Hotel Arendsee, Ostseeallee 30 (18225), Tel.: 70300, www.arendsee.morada.de

Hotel Esplanade, H.-Häcker-Str. 44 (18225), Tel.: 8350, www.hotel-esplanade.m-vp.de

Europa-Hotel, Ostseeallee 8 (18225), Tel.: 880, www.europa-hotel.de

Hotel am Strand, Ostseeallee 16 (18225), Tel.: 800, www.kuehlungsborn.com

Pension Jasmin, Ostseeallee 1 (18225), Tel.: 6240, www.pension-jasmin.de

Hotel von Jutrzenka, Dünenstr. 1 (18225), Tel.: 8560, www.hotel-von-jutrzenka.de

Villa Lessing, Ostseeallee 27 (18225), Tel.: 6243

Pension Lotte, F.-Borgwardt-Str. 12 (18225), Tel.: 17303, www.pension-lotte.de

Villa Ludwigsburg, Doberaner Str. 34 (18225), Tel.: 8590, www.villa-ludwigsburg.de

Gästehaus »Minerva«, Fischersteig 1 (18225), Tel.: 12192, www.minerva-ostsee.de

Hotel Möwe, Dünenstr. 13 (18225), Tel.: 820, www.hotel-moewe.de

Morada Resort, Hafenstr. 2 (18225), Tel.: 670, www.kuehlungsborn.morada.de

Pension »Muttis gute Stube«, Schlossstr. 42 (18225), Tel.: 6117, www.muttisgutestube.de

Neptun-Hotel, Strandstr. 37 (18225), Tel.: 630, www.neptun-hotel.de

Hotel Nordwind, Hermannstr. 23 (18225), Tel.: 7207, www.nordwind-kuehlungsborn.de

Ferienhof Ostseeblick, Wittenbecker Landweg 73 (18225), Tel.: 8480

Antik-Hotel Villa Patricia, Ostseeallee 2 (18225), Tel.: 8540

Hotel Polar-Stern, Ostseeallee 24 (18225), Tel.: 8290, www.polar-stern.com

Hotel Poseidon, Hermannstr. 6 (18225), Tel.: 89280, www.hotelposeidon.de

Apartmenthotel Röntgen, Strandstr. 30 A (18225), Tel.: 7810

Hotel Rosenhof, Poststr. 18 (18225), Tel.: 786, www.hotel-rosenhof-kuehlungsborn.de

Travel Charme Ostsee-Hotel, Zur Seebrücke 1 (18225), Tel.: 4150, www.travelcharme.com

Schloss am Meer/Villa Rheingold, Tannenstr. 7–8 (18225), Tel.: 85300, www.schloss-am-meer.m-vp.de

Hotel Schweriner Hof, Ostseeallee 46 (18225), Tel.: 790, www.schwerinerhof.de

Villa Norden, Hermannstr. 29 (18225), Tel.: 70456, www.villa-norden.de

Pension Seeblick, Ostseeallee 31 (18225), Tel.: 8430, www.seeblick-kuehlungsborn.de

Villa Seerose, Waldstr. 7 (18225), Tel.: 7290, www.villa-seerose.de

Residenz Seestern, H.-Häcker-Str. 36 (18225), Tel.: 27027, www.kuehlungsborn-seestern.de

Strandhotel Sonnenburg, Ostseeallee 15 (18225), Tel.: 8390, www.strandhotelsonnenburg.de

Hotel Strandblick, Ostseeallee 6 (18225), Tel.: 633, www.ringhotel-strandblick.de

Hotel Strandperle, Ostseeallee 4 (18225), Tel.: 8790, www.hotel-strandperle.info

Villa Verdi, Ostseeallee 26 (18225), Tel.: 8570, www.kuehlungsborn-villaverdi.de

Hotel Vier Jahreszeiten, Ostseeallee 10–12 (18225), Tel.: 81000, www.4jahreszeiten-hotels.de

Hotel-Residenz Waldkrone, Tannenstr. 4 (18225), Tel.: 4000, www.waldkrone.de

Hotel Westfalia, Ostseeallee 17–17 A (18225), Tel.: 43490, www.westfalia-kuehlungsborn.de

Haus Wieck, Ostseeallee 43 A (18225), Tel.: 8400, www.haus-wieck.de

Hotel Wilhelmine, Strandstr. 51–53 (18225), Tel.: 8090, www.hotel-wilhelmine.m-vp.de

Pension Wotan, Ostseeallee 42 (18225), Tel.: 87780, www.hotel-wotan.de

Zum Strandkorb, Hermannstr. 11 (18225), Tel.: 8340, www.zum-strandkorb.de

Pension Zur Traube, Strandstraße 49 (18225), Tel.: 12628, www.hotelzurtraube.de

Jugendherberge

Jugendgästehaus, Dünenstr. 4 (18225), Tel.: 17270, www.jgh-kuehlungsborn.de

Kino

Ostseekino, Waldstr. (18225), Tel.: 13399, www.ostseekino-kuehlungsborn.de

Freilichtkino, Konzertgarten West, Promenade

Kuren

Ostseeklinik Kühlungsborn, Waldstr. 51 (18225), Tel.: 870, www.ostseeklinik-kuehlungsborn.de

Mutter-Kind-Kurhaus »Strandpark«, Ostseeallee 23 (18225), Tel.: 64060, www. mutter-kind-klinik-ostsee.de

Mutter-Kind-Klinik »Godetiet«, Waldstr. 1 A (18225), Tel.: 7127, www.mutter-kind-kurklinik-ostsee.de

Mutter-Kind-Klinik »Stella Maris«, R.-Breitscheid-Str. 16 (18225), Tel.: 8760, www.caritas-mecklenburg.de

Zimmervermittlungen

TSK-Zimmervermittlung, Ostseeallee 19 (18225), Tel.: 84949

Zimmervermittlung Bartelmann, Hermannstr. 28 (18225), Tel.: 83431, www.bartelmann.com

Zimmervermittlung Ostseetravel, Poststr. 1 A (18225), Tel.: 65065, www.ostseetravel.de

Zimmervermittlung Sodan & Partner, Strandstr. 32 (18225), Tel.: 43721, www.sodan-ostsee.de

Lux Ferienwohnungsvermittlung, Cubanzestr. 15 (18225), Tel.: 12285, www.lux-ostsee-fewo.de

Appartementvermietung Zimmer am Meer, Friedrich-Borgwardt-Str. 8 (18225), Tel.: 15507, www.zimmer-am-meer.de

Zimmervermittlung »Haus Riedenrohr«, Bahnhof Ost (18225), Tel.: 15656, www.haus-riedenrohr.de

Seaworld, Friedrich-Borgwardt-Str. 1 (18225), Tel.: 644444, www.seaworld-kuehlungsborn.de

Sonneberg Zimmervermittlung, Strandstr. 36 (18225), Tel.: 14013

Kühlungsborner Zimmervermittlung, Strandstr. 44 (18225), Tel.: 40520, www.kuehlungsbornzimmervermittlung.de

Register

A

Ahrenshoop 81–82
Alexandrinenstraße 124
Alte Münze 40
Alter Markt 31, 57, 108
Am Strom 116
Angeltouristik 131
Astronomischer Lehrpfad 73, 129
Astronomische Uhr 38
Auskunft 131

B

Bad Doberan 73–
  Ehm-Welk-Haus 74
  Großherzogliches Palais 74
  Stadt- und Bädermuseum »Möckelhaus« 74
Bäderregelung 119
Badstüberstraße 51
Barlach, Ernst 20, 80
Barocksaal 45
Barth 84–85
  St. Marien-Kirche 84
Bezirkshauptstadt 100
Blücherdenkmal 43
Blutstraße 40
Botanischer Garten 23
Bowling 139
Breite Straße 41, 45
Brinckman, John 51, 64
Brinckmannsdorf 63–64
Brummbärenloch 33
Brunnen der Lebensfreude 43

C

Compagnie de Comédie 16

D

Diedrichshagen 121
Diedrichshagener Berg 78
Dierkow 71
Doberaner Platz 65
Doberaner Straße 65–66
Forschungs- und Dokumentationsstelle des Landes zur Geschichte der Diktaturen in Deutschland 62

E

Eishalle 29, 141
Evershagen 70

F

Fischerbastion 50
Fischland – Darß – Zingst 81–85
  Born 83
  Bunte Stube 81
  Darßer Arche 83
  Nationalpark Vorpommersche Boddenlandschaft 83
  NATUREUM Darßer Ort 83
  Prerow 83
  Wieck 83
  Wustrow 81
  Zingst 83
Flughäfen 133
Forst- und Köhlerhof 72, 129
Fünfgiebelhaus 41, 46–47

G

Gehlsdorf 71
Giebelhäuser 32, 34, 39–41, 52–53, 59, 124
Graal-Müritz 79
  Klockenhagen 29, 79
  Museum 146

Rhododendronpark 79
Tourismus und Kur GmbH 79
Zimmervermittlungen 147
Groß Klein 71
Grubenstraße 54–55, 58
Güstrow 80–81
Natur- und Umweltpark 29

H

Hafen 54
Hafenrundfahrt 127
Handelswik 88
Hansaviertel 68
Hanse 11, 90
Hanse Sail 17–18, 28, 50–51, 54, 111, 132, 136
Hauptbahnhof 63
Hauptpostamt 34
Hausbaumhaus 52
Heiligendamm 73–77
Heiligengeisthof 41
Heinkel, Ernst 67, 84, 99, 119, 126
Heinkel-Wand 68
Hochschule für Musik und Theater 55
Hochseehafen 100
Hohe Düne 119, 127
Hopfenmarkt 41
Hotel Neptun 121

I

IGA-Park 25–26
Internetadressen 137

J

Jantzen, Stephan 118, 120
Stephan-Jantzen-Park 22, 120
Jüdischer Friedhof 23
Jugendunterkünfte 137

K

Kanonsberg 50
Kartenvorverkauf 138
Kaspar Ohm 51
Kaufmannshansen 90
Kempowski, Walter 13–14
Kempowski-Archiv 13–14, 48
Kempowskiufer 14
Kerkofhaus 33
Kinder (in Rostock und Umgebung) 24, 27–29
Kinos 138
Kirchen
Marienkirche 28, 35–39, 103, 105, 111
Michaeliskirche 42
Nikolaikirche 57
Petrikirche 55–57
St. Jakobi 88, 92
Klockenhagen 29, 79
Kloster zum Heiligen Kreuz 16, 20, 47
Kröpeliner Straße 31, 40–43
Kröpeliner Tor 40, 48–49
Kühlungsborn 77–78
Jugendherberge 150
Kino 150
Kühlung 78
Kuren 150
Zimmervermittlungen 150
Kuhtor 28, 59
Kulturhistorisches Museum 20, 47, 139
Kunsthalle 20, 23, 139
Kuren 137
Kurhaus 121–122

L

Lagebuschturm 59
Landschulmuseum Göldenitz 29
Lange Straße 49–50
Lehrpfad Ostseeküstensaum Warnemünde 73, 129

Lichtenhagen 70, 111
Lindenpark 22
Literatur 139
Literaturhaus Kuhtor 139
Lohgerberstraße 57
Lübisches Stadtrecht 88
Lyzeum 63

M

Markgrafenheide 22, 119, 128, 139
Medien 138
Mecklenburger Bäderbahn »Molli« 29, 74–75
Mönchentor 53
Möwenbrunnen 32, 34
Munch-Haus 118
Museen (Übersicht) 19–21, 139–140

N

Nationalpark Vorpommersche Boddenlandschaft 83
Naturbühne Ralswiek 18
NATUREUM Darßer Ort 83
Neptun-Werft 66–69
Neuer Markt 31–32, 34, 40, 55, 59, 62
Nienhagen 73, 129
Niklot 87–88
Norddeutsche Philharmonie 17
Nördliche Altstadt 48, 51
Notrufe 140

O

Östliche Altstadt 55
OstseeJazz-Festival 17
Ostsee-Schmuck GmbH 85
Ostseestadion 140

P

Parken 140
Parks 23–25
Pensionen 136
Pferderennbahn 75
Prerow 83
  Landschaftsmuseum 83
  Seemannskirche 83

R

Rathaus 18, 31–32, 33, 105
  Rathauslaube 32
Reformation 92
Reiten 140
Reutershagen 20, 69
Rhododendronpark 79
Ribnitz-Damgarten 85
  Deutsches Bernsteinmuseum 85
  Schaumanufaktur 85
Rochusaltar 39
Rosengarten 22, 62
Rostocker Butterkrieg 96
Rostocker Heide 21, 28, 72, 79, 88, 108, 128
Rostocker Hof 42–43
Rüstungsindustrie 67, 99

S

Saxo Grammaticus 87
Schifffahrtsmuseum 19, 63
Schmarl 71
Schnatermann 22
Schnickmannstraße 52
Schorler, Vicke 54, 94
Schwanenteich 23
Schwibbbogen 58
Schwimmen 141
Siebenjähriger Krieg 95
Sieben-Schwestern-Brunnen 49
Slüter, Joachim 56, 93
Societät Rostock maritim 139

Speicher 51–53, 57
Sportstätten 140
Stadtbibliothek 17, 139
Stadtforstamt 72, 129
Stadtführungen 141
Stadthafen 50–51, 54, 64
Stadtmauer 27, 31, 48, 98, 110
Stadtpark 23
Stadtteile
  Brinckmansdorf 23
  Dierkow 68, 71
  Evershagen 70
  Gehlsdorf 71
  Groß Klein 25, 71
  Lichtenhagen 70, 111
  Lütten Klein 69, 71
  Reutershagen 23, 68, 69
  Schmarl 25, 71
  Südstadt 69
  Toitenwinkel 71
Stadttheater 60, 63
Stadtverwaltung 131
Ständehaus 60–61
Stasi in Rostock 62, 102
Steintor 28, 59, 60, 62
St. Katharinenstift 55
Stolteraa 73, 121
Studententreffs 142
Südstadt 69

T

Technische Kunstschule 53
Toitenwinkel 71

U

Überseehafen 11, 69, 111
Universität 31, 44, 92, 106–108, 110
Universitätsplatz 31, 34, 43–45, 47

V

Verkehr 129
Viergelindenbrücke 58
Volkstheater 16, 65, 138

W

Wallanlagen 22, 48
Warneminner Ümgang 17
Warnemünde 14, 17, 21–22, 35, 37, 45, 63, 68–69, 81, 91, 100, 108, 110, 115–129
  Alexandrinenstraße 124
  Alter Strom 17, 29, 116, 123
  Am Strom 116
  Badetourismus 116
  Fischmarkt 116
  Heimatmuseum 118, 139
  Hohe Düne 119, 127
  Hotel Neptun 121
  Kurhaus 121
  Leuchtturm 122
  Passagierkai 127
  Seepromenade 121
  Spaßbad 141
  Teepott 122
  Vogtei 116, 118
  Westmole 35, 73, 122, 123, 129
  Warnemünde-Information 116
  Warnemünder Werft 127
  Warnemünder Woche 17
Warnow 10, 22, 25, 55, 58, 63, 68, 71, 87–88, 91, 115, 116, 119
Warnow-Fährterminal 127
Warnow-Werft 68, 100, 110
Wasserturm 63
Wegestein 43
Wendenkreuzzug 87
Wilhelmshöhe 121
Wokrenterstraße 52
Wustrow 81
  Kurverwaltung 82

Z

Ziegenmarkt 35, 39
Zingst 83
  Seebrücke 84
Zoo 28
Zoologische Sammlung der Universität
    Rostock 15, 20, 28

Die Deutsche Bibliothek verzeichnet diese Publikation in der Deutschen Nationalbibliografie; detaillierte bibliografische Daten sind im Internet unter http://dnb.ddb.de abrufbar.

Bildnachweis:
Compagnie de Comédie: 16 u; C. Falk/pixelio: 130; Günther Franz: 59 o, 66 o; Doris Gätjen: 23 o, 46 o, 48, 50; Hansestadt Rostock/Fotoagentur Nordlicht: 46 u, 70; Hansestadt Rostock/Irma Schmidt: 10, 20, 21, 33, 35, 52 r, 53, 118, 119, 125; Hansestadt Rostock/Joachim Kloock: 49, vordere Klappe; Peter Heinrich/pixelio: 114, 124 o; Thomas Helms: 37; Andreas Hilbek/pixelio: 4; Frank Hormann: 104; Huber/pixelio: 126 u; Kempowski-Archiv Rostock: 13; Susanne Kracht/pixelio: 121; master76/pixelio: 30; Neptun Werft GmbH: 66 u; Nordic Yards: 68; Eckhard Oberdörfer: 85, 129; Stefan Piehl: 36; Gabi Schönemann/pixelio: 126 o; Volker Schrader: 81, 83; Horst Schröder/pixelio: 18; Claudia Schulz-Düvier/pixelio: 128; Uwe Seemann: 80; Hans Snoek/pixelio: 29 u; sunny-tiffy/pixelio: 124 m, 124 u; Torsten Taubhorn: 77 o, 82 o, 84 o; Tourismus und Kur GmbH Graal Müritz: 79; Touristik-Service Kühlungsborn: 77 m, 77 u, 78; Ulla Trampert/pixelio: 127; Verlagsarchiv: 8, 40, 64, 73, 74, 75, 86, 88, 89, 90, 91, 92, 93, 94, 95, 96, 97, 98, 99, 100, 101; Peter-Weiss-Haus: 16 o; Siegfried Wittenburg: 102, 103, 105; Volker Z/fotolia: 42; Kerstin Ziebandt/pixelio: 122; Zoologische Sammlung der Universität Rostock: 15
Alle übrigen Fotos: Angelika Heim

Titelabbildung:
© Rico K. - Fotolia.com

Kartografie:
Elsner & Schichor, Büro für Karten und Grafik, Karlsruhe

Dank:
Verlag und Autoren bedanken sich bei allen Tourist-Informationen für die gute Zusammenarbeit.

9., aktualisierte und überarbeitete Auflage 2015

Hohenlohestr. 21 – 28209 Bremen
Tel.: 0421-34843-0 – Fax 0421-348094
info@edition-temmen.de
www.edition-temmen.de

Herstellung: Edition Temmen
ISBN 978-3-86108-478-5